中小学名师指导系列丛书

精进于业 修身于本

——青年思想品德教师的专业之路

袁 成 著

西南交通大学出版社

·成 都·

图书在版编目（CIP）数据

精进于业　修身于本：青年思想品德教师的专业之
路／袁成著. —成都：西南交通大学出版社，2018.1
（中小学名师指导系列丛书）
ISBN 978-7-5643-5857-0

Ⅰ.①精…　Ⅱ.①袁…　Ⅲ.①思想品德课 – 教学研究
– 初中　Ⅳ.①G633.202

中国版本图书馆 CIP 数据核字（2017）第 264697 号

中小学名师指导系列丛书

精进于业　修身于本
—— 青年思想品德教师的专业之路

袁 成 著

责任编辑	梁　红
封面设计	何东琳设计工作室
	西南交通大学出版社
出版发行	（四川省成都市二环路北一段 111 号
	西南交通大学创新大厦 21 楼）
发行部电话	028-87600564　028-87600533
邮政编码	610031
网址	http://www.xnjdcbs.com
印刷	四川森林印务有限责任公司
成品尺寸	170 mm×230 mm
印张	14
字数	245 千
版次	2018 年 1 月第 1 版
印次	2018 年 1 月第 1 次
书号	ISBN 978-7-5643-5857-0
定价	68.00 元

见证成长（序1）

李晓东

成长，是一个神奇的过程。一个牙牙学语的孩童，成长为稚气萌发的少年，再到意气风华的青年、举重若轻的中年……每一个蹒跚的脚印背后，都有成长的许多故事。个中滋味，当事者固然最能品味，每一个见证的人，也能感同身受。通过见证别人的成长，我们也在不断经历和重复成长的故事，从中体会着成长带给我们的悲喜。

呈现在我们面前的这本书，就是一个很好的见证。我相信每一位读者，都可以和我一样，通过这本书，见证一个时代、一个学科、一个人的成长。

从时代的成长来说，这本书给我们呈现的，是学科化、凝聚化的时代发展脉络图。我们正处在一个前所未有的变动时代，日新月异的发展让我们目不暇接。作为时代发展的表现，德育课程的优势和责任无以复加。读这本书，我们可以用学科的方式感受时代的脉搏，感受每一个小到凡人善举、大到卫星上天的事例背后的德育养成和国家进步，感受我们所处时代的前行脚步，感受发生在我们身边的那些日新月异，这是很奇妙的。

从学科的发展来说，这本书给我们呈现的，是初中德育学科的发展历程。从《思想品德》到《道德与法治》，从"一标多本"到部编教材的推广使用，还有中华优秀传统文化的弘扬、青少年法治教育大纲的落实、新发展理念的体现……这个学科的种种变化与发展，都是每一个德育课教师亲自经历的现实过程。作为亲历者，赶上了这个时代，是少有的挑战，更是难得的机遇。作者以学术的方式，呈现这个发展变化的过程，也让同为亲历者的我们有了更多亲切感。

从个人的进步来说，这本书给我们呈现的，是袁成老师的成长历程。作为一名德育课教师，要承担的任务很多；作为一名班主任，要牵扯的精力很多；作为一名普通的一线教师，要实现成长的阻碍很多……好在，这些都没有阻止他成长的脚步。论文发表、课程优化、研究深化……袁成老师用骄人的成果回答了"一线老师是否有时间做研究"的质疑。这本书所呈现的，正是他"步履蹒跚"的"浅迹深痕"。也许有人会说"学不来",也许有人会说"不过如此",也许有人会说"我也可以"……但这些都不重要,重要的是,我们有值得嘉许的榜样,告诉我们可以在繁忙的事务性工作之外,找到让我们心安的东西。

成长是一个过程,所以不必苛求每一个脚印都必达方正。只要不忘初心、坚定前行,一定会和袁成老师一样,找到我们自己满意的东西,创造我们值得骄傲的未来。

不敢称序,权作一点感受的分享,与各位读者共勉!

注:李晓东,哲学博士,北京师范大学哲学与社会学学院、价值与文化研究中心、未来教育高精尖创新中心副教授,硕士生导师。中国教育学会中小学德育研究分会思想政治课教学学术委员会常务副主任兼秘书长,部编《道德与法治》教材(八年级上册)主编,教育部高中思想政治课程标准修订组核心成员,北京师范大学学科教学(思想政治)带头人,教育部第二批国培计划专家库成员,原全国中文核心期刊《思想政治课教学》杂志社社长。主要研究领域为价值与文化、课程与教学论。代表性学术成果有《全球化与文化整合》《哲学是什么样子的——帮你揭开哲学的层层面纱》《哲学是这样走来的——你应该知道的哲学史上 50 个经典命题》等。

爱，从内心流淌（序2）

毛 英

著名哲学家雅思贝尔斯在他的《什么是教育》中写道："教育的本质意味着：一棵树摇动一棵树，一朵云推动一朵云，一个灵魂唤醒一个灵魂。"作为中学教师，唤醒灵魂，塑造学生健全人格自是天职。但唤醒灵魂，塑造健全人格却是极难的事，许多为师者毕其一生不得其法而未能成矣。袁成老师耕耘不足十载，深谙师道，执着求索，用真善美去打开学生心门，用爱去浇灌学生心田，让心灵撞击的火花照亮学生成长的前路，成绩斐然。

袁成老师作为阿坝师范学院 2008 届毕业生、四川省优秀大学毕业生，曾与母校共同经历了"5·12"汶川特大地震那撕心裂肺的巨大灾难。每当回想起毁损的校园、学生们无助的眼神，心中总是隐隐作痛。值得欣慰的是，因为有全国人民的大爱，母校已经走向了新生，学生们则愈加坚强。袁成就是其中的优秀代表。短短九年，桃李满天下，科研丰硕，荣誉颇多，为母校增光添彩。作为母校老师的我，欣然为其大作拙笔，因为这是母校和老师的骄傲。

作为师范院校，培养优秀的老师是最为根本的任务。袁成老师何以成长为同学和同行中的佼佼者，这本身就是一个令人深思和值得研究的课题。毋庸置疑，决定其成功的因素是多方面的。但可以肯定的是，如果袁成内心没有充满无限的爱，他的事业和成就不可能达到今天的高度，他的学生也不会如此深情地爱他。所以，从内心流淌出来的发自肺腑的爱是成就他辉煌的核心元素。可以这样讲，博爱与大爱是优秀教师必须具有的基本品质。有爱才会有力量，一个不热爱自己的学校、不热爱教师职业、不热爱学生的老师永远不可能成为好老师。

三年前，袁成把他的个人教育专著《教者成于川——一位青年班主任的教育探索》作为特殊礼物赠给母校和老师。在这本书里，他从六个不同的侧面对自己的德育探索进行了呈现与诠释。一个锐意进取、执着追求、热爱教育事业的德育工作者形象跃然于书中。尤其读到学生与老师的心灵对话，初中学生单纯稚嫩的话语中充满了对老师的尊敬与爱戴。这是对老师付出的爱的一种回应与回报，让人心生感动。被爱浇灌成长的学生，心理会更加健康、人格会更加健全。

时隔三年，袁成又将其最新力作交至我手中，着实让我惊讶。哲学观照、实证案例、教学反思、经验萃取、热点论述，丰盛无比的初中德育教育思想大餐呈现在我面前。袁成具有前卫的教学理念、厚实的专业功底、丰富的实践经验、宽广的学术视野，着实让人肃然起敬。该书在初中政治教学研究方面所具有的理论与实践价值亦是可以期待的。但真正使我震撼的，依然是袁成对教师这份职业近乎痴狂的热爱和对学生完全无私的关爱。爱已经融入他的血液，渗透他的骨髓；爱已经化为信念，支撑着他一路走来，不断取得新的成绩；爱已经演绎为一种信仰，使他对德育有一种宗教徒般的虔诚与忠贞；爱已经成为一种情怀，使他视学生为己出，把爱播洒进每个人的心田。

开卷有益，这是对著书者最高的奖赏。相信作者这本新作对中学一线政治教师、高校教育类专业学生，以及所有中学德育教育教学的研究者均有裨益。这就是知识的价值和思想的力量。但最好的书实际是袁成本人。这本书告诉我，爱才是最好的德育，它闪耀着光芒，照亮别人的同时也照亮了自己。是为序。

注：毛英，阿坝师范学院党委常委、副校长，阿坝州社科联副主席，教授。长期从事思想政治教育、社会主义理论、高等教育领域的研究。著有专著 1 部，主编教材 1 部，先后在《社会主义研究》《西南民族大学学报》《中国民族教育》等刊物上公开发表学术论文 20 多篇。

教师发展需要自主成长（序3）

姚 平

我国著名心理学家林崇德先生曾说："德育为一切教育的根本，是教育内容的生命所在，德育工作是整个教育工作的基础。""初中道德与法治课"（原"思想品德课"）是学校德育教育的主阵地，以立德树人为根本任务，关注着学生生理、心理和思想成长的过程，培养学生良好的心理品质、高尚的道德情操和正确的价值观念。

袁成老师于 2008 年进入我校，当时我在翻看他的个人简历时，看到他在大学期间参加各种活动、比赛，并担任系干部、创立社团，还获得了"四川省优秀大学毕业生"称号时，便感知他是一位全面发展的大学生。我在面试他时，问了他一些关于教育教学中如果出现"意外情况"时怎么解决的问题，他的回答表明他已初具做学科教师和班主任的潜质，因此对他的印象较为深刻。近十年，他一直潜心教育教学，积极践行学校校训和教育理念，严谨谦逊、勤恳钻研、踏实肯干，无论在班主任工作还是教学教研方面都取得了优异的成绩，实在难能可贵。看到他取得一项又一项成果，并被大家广泛认可，我知道这对一个青年教师来说非常的不容易，我为之欣喜，也为之欣慰。当他把这本《精进于业 修身于本——青年思想品德教师的专业之路》厚厚的书稿交至我手中时，我为他感到高兴，更被他深深感动。作为校长，我看到袁老师的努力变成了现实，但他仍在努力的路上。

他是学生心目中的"心理治疗师"。袁老师注重研究教育学、心理学和管理学等，善于用心去发现学生的闪光点，用爱在教学，因此，他所教的每个班的学生都很喜欢他和他的课。"风趣幽默，一字一句富深情，教人都从情商起，注重个人可持续发展，从不为智商发愁，有思想、感动、有爱。活跃的气氛无尽，永远的青春 18 岁，永远神奇的'袁氏教学'，我们心灵的开导师，从不带情绪进课堂，上课下课都按时。独霸政治舞台，引导无数学生竞折腰。地沟油、钉子户、钓鱼岛，让人思索不断。师生之间没有距离，唯有超越亲情与友情。相遇无怨无悔，听课万分荣幸！"（学生徐敬松）"袁老师是一个积极上进的老师，总是给我们带来欢声笑语。你是一位负责任的好老师，鼓励每个同学发言，让每个同学都能得到展示。您还是一位有独特思想的人，对问题会有不同见解。赞！"（学生胡雅玟）。从学生的言语中，我们看到了作为德育课程老师的价值和魅力。

他是家长、朋友心目中的好老师。我校是一所全寄宿制学校，大部分学生来自外县，学生学习和生活都在学校。大部分学生周末回家一次，还有的学生一个月甚至几个月才回一次家。袁成深深明白，作为教师和班主任更要关爱学生和理解家长。他在课堂上采取多种活动培养学生适应新生活、新环境的能力，让学生积极关注时事热点而亲近社会，采用教育智慧引领学生健康成长。特别是他认为班主任就是学生的亲人，于是，为了做好寄宿制家校工作，让家长了解孩子的学习与生活情况，他顺应时代发展潮流，于2008年开通班级教育博客。博客内容丰富多彩，他及时将班级和学校各种信息上传，跨越了时空界限，无论何时何地，家长都可以在方便之时浏览班级信息，有效地促使了家庭教育与学校教育相结合，让家校沟通畅通无阻。如今，他又开通了"与品格同行"微信公众号，记录学生、班级成长故事，深受家长和学生喜欢，也受到媒体的关注和推广。每次在家委会工作交流会中，该班家长都给予了他很高的评价，大家都亲切地称他为"袁老"。

他是同事心目中的好榜样。在教育教学中，袁老师工作兢兢业业、踏踏实实。还记得从2010年开始，我曾多次鼓励他将所实践的班级管理方法和教育反思及时记录，并争取发表，与广大教师分享他的教学经验和班主任工作中的得失。他一直在做，而且做得很好，得到了学生、家长和老师们的认可。近十年中，他被评为了学科带头人、成都市优秀班主任、成都市优秀德育工作者等，并出版教育专著《教者成于川——一位青年班主任的教育探索》，该专著还获得了成都市人民政府第十二次哲学社会科学奖、成都市民办教育成果一等奖、四川省第十七次优秀教育科研成果一等奖。他参加教学赛课获得全国一等奖；其发表文章百余篇，其中十余篇发表在全国中文核心期刊。同时，他还受省内外教育部门、师范院校、中小学校邀请开展教育教学讲座、示范课等，他将其成长历程与更多教师分享，他也因此成为老师们学习的榜样。

其实，在袁成身上我们可以看出，一个优秀教师的成长更多是自主成长，这种自主是师德的自我培养、重视业务水平的自我提高和积极人生态度的自我觉醒。我希望更多教师在专业成长过程中，多一些自我规划意识，使自主成长变为一种积极行动，那么教师的成长也才会更快、更好、更高。

注：姚平，中学高级教师，四川省成都棠湖外国语学校初中部负责人、副校长。成都市高中历史学科带头人、四川省先进德育工作者、四川省高考命题专家组成员，2013年高考历史《考试说明》编写组成员。先后在国家、省级刊物发表论文三十余篇，独立出版专著两本，分别由北京师范大学出版社和四川大学出版社出版。

目　录

第四篇　教学智慧
—— 让专业成长更富有内涵

第五篇　教学时评
—— 让专业积淀发出理性的声音

第六篇　对话媒体
—— 让专业对话与沟通成为常态

第一篇

教学策略研究

——把专业成长奠基在课堂之中

"策略"一词起初是军事用语，意为军事计划与指挥。教学引入"策略"，是为了研究教学内容与师生之间的关系，从中探索出适合学生发展的教学理念与思想、教学方法和技术手段。初中思想品德课是一门综合性课程，包括心理学、法学、伦理学等多种学科知识，其思想性、人文性、实践性和综合性是课程四大特点，需要教师在教学中贯彻"贴近学生、贴近实际、贴近生活"的三大原则，有效地实现三维目标。作者从课程性质、课程理念和课程目标入手，围绕教学设计学情分析、教学环节、教学素材、教学手段、教学审美取向等展开，在实践基础上谈教学中的基本策略，为一线教师了解最新学科动态打开一扇窗口，为一线教师上好一堂思想品德课提供可行性参考，助力一线思想品德教师有效贯彻落实新课标，推动思想品德课程改革。

学情分析：教学设计的基本视角

教学设计是为优化教学效果而对教学系统进行的整体规划，教学设计的过程就是为教学活动制定蓝图的过程，反映着设计者（教师）对课堂教学的预设、管理及反思。学情分析包括内外两个视角：外部视角——学情分析与教学内容相联系；内部视角——学情分析与学生的优势与不足相结合，强调共性与个性的关系。将学情分析各要素融合在这两个视角中考虑，是进行学情分析的一个重要路径。

"教学设计是为优化教学效果而对教学系统进行的整体规划，教学设计的过程就是为教学活动制定蓝图的过程。"教学设计作为课堂教学的前提，反映着设计者（教师）对课堂教学的预设、管理及反思。教师应根据学情分析、教学内容分析确定教学目标，从制定教学目标到选择教学方法、把握教学环节，以课堂教学的实施到反思教学都展现了教学设计之美。在教学中，教师要关注学情分析的内外两个视角，包括外部视角和内部视角，将学情分析各要素融合在这两个视角中考虑，这是进行学情分析的一个重要路径。

笔者作为一线教师，对此问题进行了深入思考与研究。我们认为，在当前的教学设计模式中，各种教学设计模式所包含的程序、步骤、内容虽不尽相同，但所有教学设计都力主回答"我们要去哪儿""我们怎样到达那儿""我们如何知道我们到达了那儿"这三个主要问题。在这三个主要问题中，"我们要去那儿"这一问题（即我们的教学目标是什么）直接统领和影响着"我们怎样到达那儿""我们如何知道我们到达了那儿"这两个问题。明确"我们要去哪儿"，前提是要进行教学的前端分析（或教学背景分析）——学情分析、教学内容分析、教学环境分析等，而在教学前端分析中，学情分析又成了重中之重。学情分析面对的是具体的、活生生的学生，同时，教学内容、教学环境等要素也是通过学生并作用于学生。唯有做好了学情分析，方能实现以学定教、落实以人为本的教育教学理念。基于此，在学情分析时，明晰学情分析的视角，显得十分必要。

一、学情分析与教学内容（框题）相联系，体现针对性

在学情分析中，常见的一个现象便是学情分析过于"纯粹"。这种"纯粹"性主要表现两个方面：一是将教师参考用书或其他辅导用书上的学情照搬照抄；二是进行不具体、无实际内容、无意义的学情分析。"纯粹"的学情分析，其所得出来的结果便是学情分析"放之四海而皆准"。这样的学情分析，从一定意义上讲，虽然是学生的真实情况、是正确的，但观教学设计而言之，却是不合理的、不科学的，因为脱离教学内容所进行的"纯粹"学情分析无法发挥学情分析应有的作用，只能成为教学设计中的摆设，也无法依据学情真正地做好教学设计。

【例1】"初中生正处在半幼稚半成熟、半依赖半独立、半封闭半开放的心理发展阶段。他们情绪波动性大、易冲动，在朋友面前轻易许诺而难以兑现；成人感的产生，使他们有爱面子的心理，为了保全面子，有时不惜弄虚作假；认识问题较肤浅，也容易被欺骗和欺骗人。"①

该学情分析中的内容来源于教师参考用书上的内容。教师参考用书上的这些内容，一方面在于说明教材编写的学情依据，另一方面在于提示教师（教学实施者）学生可能面临的问题并针对具体情况而深刻把握，尤其是要结合具体教学内容把握好各教学班级的学情。教师可以参考教师参考用书上的学情，但若将教师参考用书上的学情内容完全照搬照抄过来，不结合具体教学内容、具体班级情况、具体学生情况而进行，实质上是教师没有重视学情的反映，是教师没有把握学情与教学内容之间的联系的表现，这无疑会造成教学方法选择的随意性和教学环节（流程）安排的主观性。

【例2】"通过前面的学习与熟悉，学生已经基本适应了中学生活，对生活已有进一步的认知，学生的自主意识也明显增强，他们对事物有了自己的观点和认识，老师在这过程中要肯定学生的表现，同时要有意识地进行正面引导与沟通；然而学生处于向成熟转变的过渡期，自我的管理能力稍显微弱，他们的行动具有一定的盲目性和冲动性，因此需要教师、社会、家庭的关注与引导。"②

---

① 该学情分析来自《诚信是金》。
② 该学情分析来自《学会拒绝不良诱惑》。

上述学情分析是教师在教育教学过程中得出的真实的学情，然而不可否认的是该学情分析不具体、没有针对性。这样的学情分析让读者无法从学情分析中明确作者所要表达的意思，也无法判断教学设计的主题。此类"放之四海而皆准"的学情分析无疑显得空泛，使得学情分析无实际内容、无意义。

因此，将学情分析与教学内容（框题）相联系，应当成为学情分析的一个视角。学情分析密切联系教学内容，即学情分析要结合具体教学内容而进行，要融合教学内容进行深度分析。"纯粹"的学情，难以让读者明确作者的用意，只能是"花瓶"；学情分析融合教学内容而进行深度分析，使学情分析具体化，体现着学情分析的针对性。值得一提的是，学情分析和教学内容分析可以完全结合在一起，作为教学背景/教学前端进行分析。二者之所以可以完全结合在一起作为教学背景/教学前端进行分析，是因为教学内容分析和学情分析不是没有交集，而是紧密联系的，进行学情分析就在于结合具体教学内容，让反映一定社会要求、反映课程标准、反映教育教学特定规律的教学内容通过学生并作用于学生。

另外，需要阐释一个问题，或者说是解答一个疑惑：应该是依据学情选择教学内容还是按照教材中的教学内容再进行学情分析？

其实，二者并不冲突，是融合的。根据学情选择教学内容，这是符合逻辑且合理的，因为，只有立足学生，教学才能有益于学生发展成长，若不根据学情选择教学内容，教学便不会有预见的成效。根据教材中的教学内容再进行学情分析，从逻辑上看似乎有误，实际操作也不应当如此，但实际情况是教材中教学内容的编写考虑了学情的因素，这就是为什么教师将教学参考用书中学情分析照搬照抄放在教学设计中作为学情分析；教师应该做的就是"在处理教材内容时应根据学生生活的实际，着眼于学生生活需要，创造性地使用教材，对教材内容进行再开发，使教材内容转换成符合学生生活实际的内容。"笔者主张认识到教材编写时所暗含的潜在学情，并在此基础上，将学情分析与教学内容（框题）分析密切联系，体现学情分析的针对性；不主张脱离教材完全根据学情而选择教学内容进行教学设计，否则，会造成教学内容脱离一定的社会要求、抛弃课程标准，进而出现教学乱象，同时，亦会给教师带来很大的负担，如难以把握教学内容之间的关联性、持续性、规范性和合理性等等。

二、学情分析中将优势与不足相结合，避免片面性

在学情分析中，另一个常见的现象便是学情分析中过分强调学生的不足。

如以下案例所示：

【例3】"现在的大多数学生都是家里的独生子女，都是在父母的手心里呵护成长起来的，往往觉察不到父母的关爱，认为父母养育、关心自己是理所当然的事情，不知道父母在养育、关心自己时所付出的辛劳；再加上八年级的学生正处于叛逆期，个性独特，对家长有一种'怀恨'的心态，更不知道为什么要孝敬父母，该做些什么来回报父母之恩。"[1]

【例4】"本框题的教学对象是九年级学生，他们对我国面临的严峻的人口、资源和环境问题认识不足，对我国实施可持续发展战略理解不深刻，在生活中自觉或不自觉地浪费资源、破坏环境。"[2]

强调学生的不足，往往在于引出学生的需求，进而引出教师针对学生不足、学生的需求进行教学的必要。这个逻辑立足学生且构成了教师进行教学的必要，无疑是正确的，是值得肯定的，然而只分析学生的不足，忽视学生的优势，无疑会让学情分析显得片面。

学生的优势表现在学生在以往的学习、生活经历中所积累的对学习相关内容所产生的积极影响，如学生已有知识储备、能力、情感态度，学习风格、认知特征等；还表现在外界在学生学习过程中提供的有利条件、对学生学习产生的助推作用，如学习过程中教师的指导、同学彼此间的合作等；也表现在学生学习相关内容后对此后的学习、生活产生的重要意义。学生有优势表明了学生学习有方向可寻、有路可走。分析学生的优势能够助推学生更好地学习，同时，对于自暴自弃、对学习不自信的学生来说更具作用。根据学生的优势，教师能选择恰当的教学方法，能进一步优化教学环节。

为避免分析的片面性而将优势与不足相结合之外，在学情分析时，还需要考虑共性与个性的问题。作为同一年龄段、同一班级的学生，必然有着学习上的共性；同时，受各种因素的影响，每个学生又有鲜明的个性。重视共性，有利于教师从整体上驾驭学情，更大范围地满足学生的需求；重视个性，有利于教师在课堂教学中结合学生个性因材施教，展现、发展学生独特的一面，同时有利于对教学内容进行再开发、再利用，如可以选择临时组建学习小组等，这样一来，会使课堂教学呈现不一样的风景，吹响不一样的乐章。

---

① 该学情分析来自《难报三春晖》。
② 该学情分析来自《实施可持续发展战略》。

教学环节：有效导入为精彩课堂添彩

教学是教与学的互动、共成长的过程。著名教育家叶圣陶先生曾说："教师不仅要教，而且要导。"一堂课的导入既是整堂课的起点，也是组织教学情感的基调；既是与上节课内容的衔接，也是对本节课的过渡；既是对已学知识的回顾，也能激发学生学习新内容的兴趣。换句话说，导入是否恰当直接影响着一堂课的成败。

一部优秀的电视剧、电影或舞台剧，能否激发观众的兴趣及紧扣观众的心弦，精彩的开头绝对是关键所在。一堂课中两三分钟的课堂导入，看似时间较短，但直接影响着一堂课的情感基调和学习效果。"为了一切学生的发展"是新课程的核心理念，从而教师必须转变角色，改革教学方式，对学生启而发。

笔者近几年听取了 300 多节各类研讨课、示范课、优质课，并参与学科大比武赛课等活动，对影响有效导入的"瓶颈"进行理性分析与反思，立足思想品德课程教学实践进行有效导入的策略探索，谈谈课堂导入中出现的典型问题及自己的一些实践方法，以期更好地提升导入的教学质量。

一、正确理解"导入"含义是有效导入的前提

有效导入，包括有效与导入两个方面。有效，即教师所采取的教学方法和教学方式达到了预期目标（效果）；"导入"一词包含了两方面，一为导，二为入。在现代汉语词典中，"导"包含"引导、开导"等意，"入"包含"进入、合乎"等意。综合起来，笔者认为，有效导入即教师根据三维目标采用多种适合学生的教学方式迅速将学生引入课题，进而调动学生良好的学习心理和积极的思维状态，达到预期导入目标。

二、分析反思导入中的问题是有效导入的路径

一堂课短暂的导入是否恰当与有效，直接影响着学生的学习兴趣和关系

着课堂教学是否能顺利开展。对影响有效导入的"瓶颈"问题进行理性分析与反思，立足思想品德课程教学实践进行有效导入的策略探索，有利于激发学生兴趣和拓展学生思维，进而提高教育教学实效。

1. 以"入"为重，以"导"为轻

在打磨和分析一堂优质课时，细心观察会发现，教师十分重视导入环节，不仅重视取材为了入，还重视问题的设置利于导。但在近几年深入课堂观察中发现，大部分教师误把"导"与"入"分裂开来，过多重视"入"，直接且贴合课题引入忽视了"导"，形式过于简单，太注重"入课"，却忽视了"导"的价值所在。教师过于重视预设，属于粗放式导入，缺乏生成性，忽视了学生的主体性和参与性，学生自然也就缺乏学习的热情和主动性，为整堂课奠定了"厌倦"情绪基调。

2. 以"师"为中心，变"学生"为听众

教学是教与学的双边互动过程，缺一不可，这也是践行"生本课堂"这一教学理念。"生本课堂"的实现就应该是双边的努力结果，必须认识到学生是学习的主人，教师是学生学习的引领者。然而在具体实践中，导入却成了教师展示自己个性的手段，教师取代了学生成为舞台的一号人物，学生处于被动位置和边缘位置，自然也就成了安静的听众甚至边缘人物。在课堂中，如果没有充分突出学生的主体性，没有将学生调动起来，无论主角表演如何精湛，课堂也会冷冷清清，处于分离状态。

3. 以"教学内容"为核心，忽视形式多元化

在教学过程中，有的教师直接采取简单的语言对话或者复习式等手段直入课题，看似对导入都有一定的思考和选取，但导入前没有针对本课对所教学生进行学情分析、校情分析等，导致形式过于单一，缺乏创意，无法贴近学生最近发展区，也就无法更好激发学生学习兴趣。如一位教师上《超越崇拜》时，先出示了一张图片，接着问学生知不知道图中人物是谁？他从事哪些职业？学生一看便知是某某明星，也谈到他是演员、主持人、作家等。然后老师对同学们说："为了让大家更加了解这位明星，今天我们一起来了解他背后的故事。"本堂课的导入虽借助了一张图片进行铺垫，但形式过于简单，偏重教学内容而缺乏丰富多彩的形式，不能紧紧抓住学生的心弦，更多是让学生口头上说，无直接的视频画面或音效听觉效果冲击学生的内心，也就缺乏了课堂的生机，课堂导入就变成了走过场、走形式。

三、有效方法是实现有效导入的调控器

美国心理学家布鲁纳曾指出："教学过程是一种提出问题与解决问题持续不断的活动。"为更好调动学生的学习热情，紧扣学生的心弦，让学生在短暂的时间喜欢上本课，以期最大化实现导入的真正效果，恰当的导入就显得尤为重要。

1. 循序渐进，"导""入"结合

教材是静态、固定的，具有一定的滞后性，而学生是动态、"流动"的，在不断变化与成长，因此教材只能作为"参考书"，教师需要认真解读课标与教材，研究具体学情与校情，顺势诱导，在此基础上设计导入的语言和方式，逐步让学生进入情境和本课主题。换句话说，教师要把握教材重难点，整合教材，重组教材结构，达到用教材教而非教教材，打开学生思维，提升学生学习能力。

2. 精心取材，回归生活

《舌尖上的中国》之所以受到大众的喜爱，很大一部分原因是因为摄制组一开播就选取了各地最为精美、最具特色的食品，另外，烹饪者在选材上精心搭配，使得食物色香味俱全，引发众多好吃嘴追捧。其实，教学也可以运用类似的方法。教师在设计导入之前，就要精心选取学生身边的素材或学生最为关注的话题，选取贴近学生最近发展区的素材，引起学生的情感共鸣，使得学生能快速进入情景，便于学生愉快地理解和思考。另外，这些素材并非拿来就用，还要进行科学的剪裁与编辑，使得素材能充分为导入服务，这样才能一步步激发学生的兴趣和求知欲。

3. 不拘一格，形式多样

根据不同课的需要应采取不同的导入方法，才能不断出新，时时刻刻抓住学生的注意力，尽可能让每位学生都参与其中。因此，教师需采取多种教学导入手段，这样才能让更多学生积极参与，以同辈群体感染其他同学，进而扩大参与面。笔者通过观摩课堂、名师指引、自主学习、具体实践等方式，探索出以下一些适合初中思想品德的导入方式。

古代与现代诗歌导入式。精选国内外优秀诗歌，借助其艺术性与文学性，采取师生合作或生生合作朗诵的形式，让学生轻松愉快地接受，也锻炼学生的表演能力和语言表达能力，让课堂富有文化气息。

音像导入式：即声音与图像，一般采用各类型音乐（流行、通俗、民族、轻音乐、方言等）、视频（新闻、小品、相声、采访、MV 等）。借助两种交

流媒介，并对其进行有效的剪辑和编辑，冲击学生的听觉和视觉。

情景与表演导入式：教师根据课题需要，创设符合学生生活实际的情景环境，若有需要，可让学生现场对话或表演，以此让学生迅速进入角色状态，进而进行自我感知与自我教育。

热门话题导入式。教师借助当前热门新闻、热门娱乐节目、热门电视剧（电影）等导入。笔者近几年借用的热门话题有"最牛钉子户""反腐老虎苍蝇一起打""主席套餐""两会节俭风"等；热门娱乐节目有《我是歌手》《中国好声音》《最强大脑》《中国好歌曲》《爸爸去哪儿》《舌尖上的中国》等；热门电视剧（电影）有《西游记》《铁人》《台风来了》《来自星星的你》等。这些都是学生关心和喜爱的，贴近学生生活实际，有利于无形"植入"课题，也很好地解决了课本内容滞后的问题，较好地将理论与现实结合起来，从而把思品课讲活学活。

即兴发挥导入式。俗话说：教无定法，贵在得法。根据课题需要，教师可以改变预设导入方式，即兴发挥，以现场学生身边的资源或临时发生的事件入手，灵活使用课堂资源，找到与导入相切入的契合点。如"多彩情绪"，现场以当天教师自身发生的事情或学生身上发生的事件入手，从而引导学生认识情绪的多样性。

除了以上具体所谈的导入，在具体实践中，我们还可以采用思维导图式、游戏导入式、漫画分析导入式等多种方式，但都必须以教材内容、三维目标和重难点进行设计，不夸张、不作秀、不牵强附会，否则一切"花架子"都是无用，都是没有切合题意，属于无效导入甚至是负效导入。另外，采用有效导入方式后，教师需要精心设计导入语言，做到"精"而"不杂""不乱"，即导入语要精练、简洁、针对性强，不要太杂乱、太烦琐。教师在设计导入语时，需注意语言美和肢体美，话语设置悬疑，层层推进，激发学生的好奇心理，引发思索，让不同学习能力的学生都能积极参与，进而让更多学生喜欢思品课、爱上思品课。

教学素材：在思想品德教学中对榜样人物的有效诠释

榜样人物对身心迅速发展、处于思想品德和价值观念形成关键时期的初中生而言，其作用不言而喻；以榜样的感人事迹和优秀品质正确引导学生参与社会公共生活、促进初中学生思想品德和价值观念形成也是思想品德课程充分发挥其德育性、落实"思想品德课程在学校德育中的基础性、导向性"的重要途径和手段。作为一线教师，笔者围绕榜样人物在思想品德教学中的有效诠释与实践运用展开，透过榜样人物在思想品德教学中的重要性，结合教学实践案例，指出榜样人物的解读需准确、榜样人物的选取需多元、榜样人物的践行需可行，充分运用榜样人物对学生进行思想品德教育。

俄国教育家乌申斯基曾说："榜样对儿童的心灵是一股非常有益的阳光，而这种阳光是没有任何东西可以替代的。"立足学生的成长，结合榜样人物，对学生进行榜样教育一直以来备受国内外家庭教育和学校教育乃至社会教育的推崇。思想品德课作为学校教育德育工作的主渠道，教师在思想品德课程教学过程中，借助教材中的榜样人物、以榜样人物的感人事迹和优秀品质正确引导学生，对学生思想品德和价值观念形成起着关键性的影响。

一、榜样人物在思想品德教学中的重要性

在教学中，榜样教育法作为一种重要的教学方法，常被各科教师所采用。就思想品德课而言，其课程教学的特殊性使得榜样教育法在教学中占有非常重要的位置。因此，充分认识榜样人物在思想品德教学中的重要性，方能有效强化学生的道德认知，传播正能量。

第一，学习榜样人物品质有利于学生身心健康发展。

我国儿童教育家陈鹤琴曾说："教育上的环境，在教育的过程中，起着一定的作用，这是不可否认的。大家都知道，儿童爱模仿。所谓近墨者黑，近

朱者赤。"青春期的初中生正处于生理与心理发展的关键时期,发育极其不成熟,常受他人和社会的影响,最容易受到感染,同时缺乏一定社会经验和明辨是非的能力,容易刻意去模仿或效仿他人,很容易受到不良思想与负面行为的影响,从而影响到正常的学业学习和道德品质的形成。教师应抓住学生成长的重要时期,选取学生喜闻乐见的榜样人物,培育学生的健全人格,促进学生身心健康发展。

第二,运用榜样人物是落实课程性质与要求的需要。

《义务教育思想品德课程标准(2011年版)》中指出,"思想品德课程以社会主义核心价值体系为导向,旨在促进初中学生正确思想观念和良好道德品质的形成与发展,为使学生成为有理想、有道德、有文化、有纪律的社会主义合格公民奠定基础。"同时,思想品德课程包含品德教育、国情教育和法制教育等,目的是为了帮助学生梳理正确的政治方向,坚定政治信念,引导学生具有正确的世界观、人生观和价值观。在落实课程性质与要求时,从义务教育思想品德课程出发,根据学生身心发展的特点,选取合适的榜样人物融入教学,用榜样人物对学生进行客观、全面的引导与点拨,学生才能充分认识课程内容,获得足够情感体验,也才能在生活实际中积极践行。这样方能有效地渗透思想品德课程的思想性、人文性、实践性和综合性四大特性,使得思想品德课程发挥更大的教育时效。

第三,榜样人物教学基于课程教材内容需要。

教材是教师教学和学生自学的纸质媒介,其教材相关内容是师生探究与学习的方向标。笔者在多年教学实践中对初中思想品德教材内容进行了研究,分析发现教科书中运用了较多榜样人物,这些榜样人物较为贴近每个单元主题核心内容,符合学生认知规律,目的是为了教学所服务,以实现情感态度价值观目标。例如,2016年教科版七年级上册《道德与法治》中,通过分析发现,使用频率最高的是学生(身边的人),教材呈现的案例或活动中的人物,大部分是正面、积极的人物,这些典型榜样人物符合初中学生身心发展规律,具有很强的可读性和鲜明的时代特征,能有效激发学生学习兴趣,主动参与为思想品德教育服务。

二、榜样人物在教学实践中的有效诠释与实践运用

榜样是少年儿童的人生楷模,引领着少年儿童励志进取,少年儿童应当"心有榜样"。在思想品德教学运用榜样人物时,需要全面解读和研究教材提供的榜样人物,要基于教材内容,选取切合学生最近发展的榜样人物,对教

材内容进行补充和完善，以适应时代的发展和学生学习的需要。在实践过程中，笔者进行了些许尝试，以一线教学事例具体阐述如何运用榜样人物这一重要资源，具体实践如下。

方法一：榜样人物的解读需准确。

一个人之所以能成为榜样人物，是这个人身上有着区别于其他人不同的优点，一般表现为有德、有才、有品、有能等方面，虽然这些优点值得其他受教育者学习，但并不代表榜样人物完美无缺，没有任何缺点或者不足。因此，在诠释和运用榜样人物过程中，教师需要充分备课，从不同角度查找该榜样人物的资料，全面了解、准确解读，避免将榜样人物的事迹过度演绎。

笔者在参加"区学科大比武"教学赛课中，抽到的题目是教科版七年级下册《自律与他律》，考虑到学生对四大名著之一的《西游记》的剧情和孙悟空的人物形象有一定的认识和了解，且孙悟空前后变化很大，符合本课教学要求，决定选取《西游记》为教学背景，以孙悟空的经历为主线贯穿整个教学过程，采用一例到底的教学方式，以时间为线索设计出取经前、取经始、取经中、取经后四个探究活动，由表及里、由浅入深、层层推进。

比如，在"取经前"这一环节中，播放剪辑视频，其主题内容大概为：孙悟空欺负邻居东海龙王，以及嫌官小、大闹天宫等事件，反映出它毫无规则意识；为了约束孙悟空的顽劣行为，净化其性情，佛祖将它压在五指山下悔过。我与学生共同讨论：为何孙悟空会被压在五指山下？从中你有何启示？这下班级沸腾了，学生谈到了孙悟空性格顽劣、固执、不听他人建议、不尊重他人、心中无规则意识等原因，无形中让学生明白了个体生活在社会之中，处在社会中是需要遵守外部要求的，当自己没有遵守一定的规则时，是会受到相应的惩罚的，自然导入本课主题——"心中的规则"。接下来，围绕孙悟空取经始、取经中、取经后不同阶段表现展开讨论，学生进而在孙悟空的变化中看到从他律转为自律的过程，孙悟空从一只顽劣的猴子蜕变成斗战胜佛，最终成长为不同人学习的榜样。以孙悟空人物形象为载体，以四个时间段线索，对不同阶段的表现进行解读，学生通过理性分析中懂得：世界上只存在相对自由而无绝对自由，而他律、自律与自由并不矛盾，相反还是获得自由的前提，从而正确把握他律与自由、自律与自由的关系，进而有效突破难点。

方法二：榜样人物的选取需多元。

榜样人物在不同的年代发生着变化，可以说榜样人物是社会的价值核心导向。比如，20世纪90年代是一个偶像（这里主要指明星）时代，出现了很多多元化且有个性的偶像，一些偶像成了青年一代学习的榜样人物，包括偶像的独特演唱方法、精湛的表演风格、无私的公益之心等才能和品格，对广大青年解放思想、宣扬个性、增强社会责任感有着重要影响。特别是进入 21 世纪以来，榜样人物在国度、界别、身份等方面更加多元化，提高了青年一代对榜样人物的认识水平。思想品德课程发挥着重要的育人功能，在教育内容上也需要多元且丰富。

笔者在讲授《透视"追星"》一课时，我分别从教师和学生两个角度进行了准备：在学生角度方面，学生回家整理自己所收集的偶像的照片、海报、签名、CD 等，感兴趣的同学还可以自己制作课件并演讲喜爱的偶像；在教师角度方面，我在授课前做了"我喜爱的偶像"调查表，该调查表中既有教师根据平日观察而预设的当前学生可能喜爱的偶像，也有学生自主填写（1 ~ 3 个）的偶像。在教学过程中，学生介绍自己喜爱的偶像及喜爱的原因，教师出示"我喜爱的偶像"调查表，整个课堂的气氛十分活跃，学生的参与性、主动性和能动性得到了真正体现，随后，师生共同总结喜爱明星的原因和探究了追星的利与弊。紧接着，我播放了幽缓的背景音乐，我引导学生认识到明星并不神秘，明星就在我们身边，开展"身边之星"（寻找身边的明星）的教学活动。通过该活动，学生才发现，原来同学、老师和学校的保安、餐厅的叔叔阿姨等都可能是我们学习的榜样，都值得我们尊敬和仿效。进而，我特意点开了学校网站刊登的报道我校保安拾金不昧的新闻，学生通过了解事件的原委和保安叔叔的日常工作事迹，对这位工作在平凡岗位上的保安叔叔有了深入的了解，并由衷地赞扬，最后还以"小人物彰显大道德"称赞这位保安叔叔，并将其当作学习的榜样。最后，我拓展了本课内容，延伸了榜样人物的宽度，即通过图片配音乐和文字的整合，展示了几张各行各业的名人，包括政界伟人（毛泽东）、科学先锋（邓稼先）、文学巨匠（鲁迅）、英雄战士（董成瑞）、劳动人民（许振超）、体育代表（孙杨）、宇航员（聂海胜）、企业家（比尔·盖茨）、乡村医生（张振江）、人民警察（陈武杰）、最美教师（徐菊萍）、成都市美德少年（棠外学生王诗童），引导学生发现身边的榜样，积极向他们学习，进而成为"明日之星"。

在本课教学中，教师在选取榜样人物时，拓宽了榜样人物的身份和界别，改变过去标准化、单一化、统一化的榜样人物，向开放化、多元化、个性化转变；通过不同时代的榜样，结合学生生活实际，选择不同榜样人物，对"星"进行合理解释，既符合社会要求，同时又满足了学生发展需要；教师用教学智慧点燃了学生内心向善向真的火花，引导学生认识到在不同的历史时期阶段，在社会中各行各业有不同的明星，他们在各自的领域都做出了杰出的贡献，引导青少年向不同的榜样人物学习其正能量，进而促进初中学生思想品德和价值观念形成，升华了课文的内容，拔高了本课的深度与高度，成功地实现了情感态度价值观的目标。

方法三：榜样人物的践行需可行。

实践性作为思想品德课程四大特征之一，需要引导学生不仅仅要学理论知识，内化于心，更要学会将所学运用到生活实践中去，外化为行。因此，向榜样人物的学习要具有可行性，对榜样人物优秀品质的践行要具有可行性，不可不顾现实条件和自身实际盲目追逐。

在讲授教科版七年级下册《承担责任》一课中，笔者与学生共同探究了作为学生的三种身份的责任，即子女（家庭中的角色）、学生（学校中的角色）和公民（社会中的角色），学生在自由交流中都谈到了许多常见的责任。我特别选取了"中学生郭阿宝"作为榜样人物的一则材料，并先后展示了一段材料及两个问题：

（PPT 展示）"初中学生郭阿宝同学在一次放学路上骑车滑倒不小心刮伤了一辆私家车，当时这辆私家车车主并未在现场，附近也无监控摄像头。"

如果是你，你会怎么做？

你认为主人公阿宝会怎么做？

以上两个问题都非常具有开放性，在学生"七嘴八舌"自由地交流内心想法后，教师并未对学生的想法做判断或者急于说教式教育，而是进一步让学生思考："我们每个人在不同的环境中都可能遇到类似的事情，在有人监督情况下我们逃不掉负责任，而在无监督的情况下做错事情，我们是选择逃避还是主动承担，这正是考验我们每个人的品质和习惯的最佳时机。下面我们继续看郭阿宝他是怎么做的？"

（PPT 展示）"面对这样的情况，郭阿宝心里只有一个念头，那就是做错事情必须承担责任。于是，他并未离开，而是主动写了一张道歉纸条表示要主动承担赔偿责任，并留下自己的姓名和他爸爸的电话号码。当他回到家中，将此事告诉爸爸后，阿宝爸爸不但没有责怪孩子，还对孩子的做法表示非常认可。后来媒体得知此事后，将此事还原进行了报道，阿宝的做法给小孩乃至大人上了生动一课，其优秀品质被广大人们所点赞，并教育自己的孩子或学生以阿宝为榜样。"

1. 你对阿宝的做法作如何评价？

2. 你在阿宝身上学习到了什么？

通过让阿宝开口说话，将阿宝的案例再次延伸到学生本人，以阿宝"做错事情必须承担责任"为话题中心，引导学生学习阿宝的优秀品质，即在没有任何人监督情况下应主动承担责任的价值观，不可推卸责任和逃避责任，进而将责任落实到每一个生活细节之中。

需要注意的是，榜样人物的出现是在特定的时期和特定的事件产生的，受教育者需清楚明白这一认识，不可脱离榜样人物的实际情况。教师选取的榜样人物是为课程教学（尤其是某一主题教学）服务，在兼顾课程教学要求基础上，教师还需综合考虑榜样人物对青少年的育人要求。在面对不同的榜样人物，教师引导学生在践行中不可忽视榜样人物的特殊性和受教育者本人的个体性，不可夸大学生的行为力量，学生也不能盲目学习榜样人物的做法。

比如，在参加某地教研活动中，一位青年教师授课内容是教科版七年级下册《培育高尚情感》一课，在讲高尚情感之"善"时，该教师播放了一位大学生"勇"救儿童而溺亡的视频，随后抛出问题："同学们，从大学生救人事件中你学到了什么？"整个内容全部播放完，没有任何情节的曲折性，也没有引发学生的好奇心，学生为了配合教师，很多学生都举手回答，大致内容基本一样，即"遇到类似的事情，我们应该主动、及时去救溺水的孩子。"老师听后，给学生们竖起了大拇指，全班掌声一片。课后，笔者作为点评人抛出了一个学生在践行榜样人物品质时需要关注的一个问题："各位听课老师对以上学生的回答和老师竖起大拇指有何评价？"老师们都望着我，很是疑惑。"榜样人物作为教育学生的德育资源需要慎重选择和准确引领，今天这堂课，不是说不应该选取这位大学生作为见义勇为的榜样人物，而是学生面对此善举的时激发出的情感共鸣值得肯定，但更让人担忧。肯定的是学生需要榜样的引领，要积极践行榜样人物的优秀品质；担忧的是学生错误的把榜样人物的做法直接效仿，教师以竖大拇指的行为给予默认其效仿方式，很容易造成学生不根据自身实际情况而盲目救人，再次酿成悲剧……"经过这样的点评之后，老师们才发现问题所在，特别是授课的青年教师恍然大悟，立刻到班级重新对学生进行引导。

三、思考与建议

综合以上所述，榜样人物对学生起着示范、引导、激励、矫正的作用，为了能更好运用榜样人物对学生进行思想品德教育，结合教学经验提出几点思考与建议：

1. 积极适应时代的发展要求，注重选择贴近学生生活的榜样人物

法国艺术家罗丹曾说："生活中不是缺少美，而是缺少发现美的眼睛。"而榜样人物也一样，他们就在我们身边，就在学生生活身边，需要我们去发现。选择贴近学生生活的榜样人物，如以上谈到的初中学生郭阿宝同学做错事情主动承担责任，不推卸责任、逃避责任，这样更易为学生所接受，所学习。

2. 多角度挖掘榜样人物在思想品德课教学中的价值，做到准确合理不牵强

恰如榜样人物正是因为某一（些）事迹成为榜样的逻辑一样，我们应当遵循事实，从多角度挖掘这一（些）事迹中的优秀品质，不应当把榜样人物树立成"多面手""全面榜样"。同时，注重榜样人物与学生之间的差距，引导学生结合自身实际和现实条件进行积极的实践，不对学生做过多过分的高要求。

3. 运用榜样人物在思想品德课教学之中，要兼顾社会要求与学生需要

榜样人物有社会认可和推崇的，也有学生个人或学生群体认同和推崇的，当面对学生认同和推崇的榜样时，教师不能简单地认为是"幼稚"，不可盲目说教或者扼杀，应先学会倾听，并对学生所提出的榜样进行细致分析，引领学生对其客观、全面评价；当运用社会认可和推崇的榜样而学生对其不感兴趣或者不以为是时，教师应重构教学过程，渐进引入让学生去深入思考，启迪学生内心世界，让学生能对其产生探究的兴趣。

总之，在当前多元价值背景下，思想品德教师的责任任道而重远。我们应该重视榜样人物对青少年的影响，乃至榜样人物对教师个人的影响，进一步提高自身的师德修养，努力成为学生的最有影响力的榜样人物。同时，教师尽可能用合适的教学方法和语言魅力让学生接纳榜样人物，引领学生正确认识榜样和学习榜样。

教学智慧的追求：培养学生的理性精神

初中思想品德课是学校德育教育的主阵地，以立德树人为根本任务，它充满了着理性精神，关注着学生生理、心理和思想成长的过程，帮助学生确立思想政治方向，对学生核心素养的培养与形成具有特殊的作用。教师需立足课堂教学，解放学生思想和拓展学生思维，培养学生理性精神，教会学生理性思考并运用所学正确面对、分析和作出理性的解释、判断和选择，以科学、正确的态度和负责任的行动实现人生价值和融入社会生活。同时，还要塑造健全学生人格，为学生终身发展奠基，落实学科核心素养。

2014年教育部印发《关于全面深化课程改革 落实立德树人根本任务的意见》中首次提出"核心素养"，同时要求在新课改中要突出"立德树人"的重要作用。2017年《普通高中思想政治课程标准（实验）》中提出本学科的核心素养为四个方面，即"政治认同、理性精神、法治意识、公共参与"，虽然这是高中课程标准定为的四个高中政治课学科素养内容，但初中道德与法治课（原"思想品德课"）作为德育课程同样适用，初中教师也应在课堂教学中应重视、落实和培养，在初中阶段理应以培养学科核心素养为中心，进一步落实教育部新一轮课程改革，培养有理想、有思想、有尊严、有担当的"四有"中国公民。

一、理性精神的实质与研究背景

（一）理性精神的实质

"理性"一词在现代汉语词典中有两种解释，"指属于判断、推理等活动（跟感性相对）""从理智上控制行为的能力"，反之为不理性。德国古典哲学家康德这样解释理性："一是要自己思考，即不迷信任何权威，包括书本、教条、经验、领袖、导师、救世主、专家等，一切要经过自己的思考和判断；二是要自己思考，也站在每一个别人的立场上思考，这样才能避免单是自己思考有可能造成的自我膨胀，才能时刻保持谦卑而与人类共同的理性相沟通。如果能做到这两点，就是坚持了理性精神。"教育部在全面深化课程改革的要求中将理性精神的内涵界定为"它是人们在认识和塑造世界的过程中表现出来的理智、自主、反思等思维品质和行为特征。"换句话说，就是人们能够通过合理性的认知能力和逻辑推理的认知能力去观察和思考，敢于怀疑、求证、反思，这就是一种批判性精神，在具体事物中人们能够反思与批判就是一种理性精神的体现。

（二）理性精神的研究背景

1. 深化品德课程标准，落实学科核心素养

《初中思想品德课程标准》中明确指出："课程是以社会主义核心价值体系为方向，引导学生获得思想品德和思想政治基础的理论常识，运用辩证唯物的思维方式，培养实际解决问题的能力，逐步形成正确的世界观、人生观和价值观，为学生的终身发展奠定思想品德政治素养。"因此，教师在教学中要关注和重视学科核心素养，要清楚认识到核心素养中"理性精神"是达成政治认同，形成法治意识，实现公共参与的基本条件，也可以说培养学生理性精神是提升学生学科核心素养的关键。

2. 关注社会多元变化，适应学生发展需要

随着我国经济的快速发展，在物质丰富、文化开放、多元就业的背景下，中学生在人际关系、品德修养及各种考试、升学等方面存在较大压力。同时，由于中学生生理、心理发育不成熟导致部分中学生的人生价值取向出现现实、功利及世俗化的倾向，极易缺乏理性精神状态。近年来，中学生不道德行为、违法乃至犯罪行为在校内外频发，学生的有限认识和自我意识存在非理性状态，在认识我与他人关系上存在曲解，无法对真理作出判断。

3. 教学改革客观需要，改变固有教学方式

中学政治课是学校对学生进行世界观、人生观和价值观教育的重要途径，也是践行社会主义核心价值观的重要课程。当前，在中高考应试教育背景下，中学政治教师在教学方式上容易形成满堂灌、填鸭式教学方式，以知识目标为主，灌输价值观念，容易导致学生形成固定思维，缺乏对事物认识的理性过程，也很难真正在学习和生活中践行社会主义核心价值观。同时，在教学中教师出现错误理解教学生活化，过度理解学生的主体地位，教师应有的主导作用没有得到有效体现，而导致学生理性精神的培育未落到实处。

针对以上问题，笔者作为课题组主研人员聚焦初中道德与法治课课堂，

以课堂为载体对学生进行理性精神的培育试验，通过怀疑、讨论、求证等方式来营建理性课堂教学策略，将课堂教学与学生生活有效衔接，抓住理性精神培养学生求真的价值取向，培养学生多维认知，智慧、艺术的引导学生敢于质疑、敢于发问、敢于探索和敢于批判的理性态度，以教学故事、话题人物、新闻素材为载体，运用思维导图的方式帮助中学生正确认识自己与他人、社会、国家和世界的关系，从而培养学生能够独立运用辩证、批判的精神去观察、分析、解决问题，作出比较理性的解释、判断和选择。

二、教学中培养学生理性精神的策略

课堂不仅是学生学习知识和发展能力的主要场所，也是学生的学科能力提升和学科素养形成的主阵地。新时代教育倡导多元理念，教师作为德育课程实施者应有包容、接纳的心态，反对固有、单一的教学理念，充分以学生为主体，尊重学生的差异性和多样性。因此，课题组在教学实践中通过重点研究五个角度聚焦学生的理性精神培育，即备课方式的有效性、教材挖掘的深度性、课堂教学方式的多样性、师生有效评价方式和效果与实践观察。

（一）集智备课，终身学习——备课方式的有效性

教师的专业素养是教育成功的关键因素，其教育理念、教学行为、教育反思等显得尤为重要。培养学生理性精神首先需要教师更新教育理念和提升教学能力，才能在具体教学中得以体现。为更好发挥教研组每位教师的智慧和提升教师的学科素养，需要改变固有教研方式。笔者认为，教师在备课过程中存在诸多疑惑，若教师个体都未能清楚认知，可能造成在课堂中误导学生，既不利于培养学生的理性精神，也不利于培养师资队伍，帮助青年教师快速成长。课题组在双流区课题实验校研究与实践中发现，优秀教研组团队教师自身在面对教材、教学素材、争议问题中比较具有辩证、合理的思维方式，究其探讨后明白该教研组团队在备课中不是简单的集体备课，而是集智备课（包括探究争议性问题），在问题中逐步拨云见雾，形成理性认识的意识和批判性的理性精神。

具体可以通过备课组超前备课，各自承担下周要上的某一课时、某一课进行研读，选取相关素材和设置问题，备课组进行内部研究，共同就学生可能存在的价值观问题、对教材的质疑、对问题的导向等方面深入探究。为扩大教师的学科知识和知晓学科领域的最新研究成果，教师要不断阅读和学习，才能更好提升自我探索精神、批判精神和反思精神，也才能引领学生跳出固有思维方式和处理问题的态度。课题组通过以下多种方式解决此问题，具体

从有关政治学科课程标准、核心素养专著、知名专家相关讲座（含文稿）、全国政治教学研究权威杂志全国中文核心期刊（《思想政治课教学》和《中学政治教学参考》）、中学政治学科网及与中学政治教学有关的电视、电影、报刊、网页等主流媒体，以及中国知网、万方文献数据库检索有关理性精神的最新研究成果。

（二）价值澄清，独立分析——教材挖掘的深度性

《初中思想品德课程标准》中指出"思想品德的形成与发展，离不开学生的生活体验和独立思考，社会要求通过学生的独立思考与实践才能更好地内化。"要培养学生独立思考的能力需要培养学生独立的人格，所谓独立人格是指"人的独立性、自主性、创造性。它要求人们既不依赖任何外在的精神权威也不依附于任何显示的政治力量，在真理的追求中具有独立判断能力，在政治的参与中具有独立自主的精神。"学生是独立的生命个体，具有共同性、差异性和独特性，教师应重视培养学生的独立思考能力，进而在培养过程中理清思考能力，形成理智的思考能力，这样学生才能摆脱固有的传统思维，达到理智独立的精神状态，才能完善独立的人格，也才能更好提升理性精神的形成。

例如，笔者在上教科版九年级《思想品德》第六单元《漫步地球村》第十九课《天涯若比邻》一课，在教学过程中讲到第二课时"天涯共明月"时，笔者选取了电影《刮痧》片段：

爷爷看到五岁的孙子发烧，因其父母不在家，而他又看不懂药品上的英文说明，便使用中国传统的刮痧给孩子治病，而这一行为被认定为虐待孩子的证据。在美国，以解剖学为基础的西医理论又无法解释通过口耳相传的经验中医学。面对美方对中国传统文化的不解和冲突，法庭剥夺孩子父亲的监护权，致使父亲失去理智，后来带着儿子逃逸，与警察发生冲突。父子分离，夫妻分居，朋友决裂，工作丢失……

PPT展示：《什么是刮痧？》

刮痧是以中医经络腧穴理论为指导，通过特制的刮痧器具和相应的手法，蘸取一定的介质，在体表进行反复刮动、摩擦，使皮肤局部出现红色粟粒状，或暗红色出血点等"出痧"变化，从而达到调气行血、活血化瘀、舒筋通络、驱邪排毒等功效。适宜于疼痛性疾病、骨关节退行性疾病，如颈椎病、肩周炎的康复；对于感冒发热、咳嗽等呼吸系统病证临床可配合拔罐应用等。

——选自百度百科

结合上述两则材料，回答下面问题：

1. 针对中美两国就刮痧这一文化的争议，你持哪种观点？请说明理由。

2. 你认为应该如何对待不同国家的文化差异？

两个问题先后出现，让学生各自谈自己的看法，在碰撞中分析与探究，教师引导学生对刮痧这一中国传统文化与美国文化进行澄清，从而明白文化之间存在差异是正常的，彼此应在冲突和碰撞中相互了解和理解，彼此尊重，进而相互吸取营养，共同发展。学生在这样的思考中形成理性价值判断与选择，无形中升华了理性精神。

（三）辩证思维，理性思考——教学方式的多样性

《初中思想品德课程标准》中指出"教学要面向丰富多彩的社会生活，善于开发和利用初中生已有的生活经验，选取学生关注的话题，围绕学生在生活实际中存在的问题，坚持正面引导，帮助学生理解和掌握社会生活中的思想要求和道德规范。"在具体教学中，教师应将课程标准与学生生活实际紧密结合，只有贴近学生最近发展区，重视学生体验才能更好地形成学科核心素养。教师在教学过程中要采取多种富有思辨的活动，在思辨活动中形成辩证思维。

所谓辩证思维，是指"人们通过概念、判断、推理等思维形式对客观事物辩证发展过程的正确反映，即对客观辩证法的反映。"教师需教会学生做理性思考的人，用发展的、对立统一、一分为二等观点来分析和解决问题的理性思维方式。

例如，笔者在上教科版八年级《思想品德》第三单元《走自己的路》第七课第二课时《超越崇拜》一课时，笔者为了让学生全面地评价偶像，培养学生的全面系统看待问题的能力，选取了热点明星人物"周××"作为课堂主线贯穿整个教学流程。

其中在第二个环节"评析××"活动中，笔者作了如下设计：

过渡语：××成功了，火了，出名了，他的事业不断达到高峰，他的粉丝成井喷式增长。你知道他的新浪微博粉丝达到多少了吗？

生：略（学生凭借其影响力合理猜测）

师：1800多万。可见他的人气火爆。周××不仅仅有大量的新浪微博粉丝，其粉丝还建立了"周××贴"，并发贴表示支持。

PPT展示：

展示一：喜爱周××粉丝的话语

展示二："微博门事件"及粉丝的不同态度

课堂讨论：

观点一：不管周××做什么，我都支持他。

观点二：不管周××做什么，我都反感他。

问题思考：你赞成哪种观点？为什么？

这样的课堂小辩论具有一定的思辨价值，可以让学生从不同角度（或素材）发表自己的看法，在生生之间不断碰撞中找出对待明星的正确态度。教师与学生共同一步步剖析，帮助学生生成辩证思维态度：既要看到明星的优点，又要看到其缺点，全面、理性、客观地评价偶像，这是我们对待偶像的理性和成熟的态度。在这样的思辨活动中学生逐步形成了更加理性的思维方式，在其语言和行为上慢慢也会有所体现。

（四）科学评价，多元量化——师生有效评价方式

《初中思想品德课程标准》中指出："设计思想品德课程评价方案时，应以课程目标和内容标准为依据，体现学科评价特点，多角度、多途径收集学生的学习信息，客观评价学生的道德认知、道德判断、道德选择、道德实践能力。"评价或判断学生的理性精神达到何种程度是很难用具体、科学的数据进行说明的。课题组经过多方论证和探索，提出用调查研究法和比较研究法对学生理性精神的提升进行了解。

其一，课题组初步提出制定关于培养学生理性精神的课堂量化标准和课堂观测标准，再进一步细化研究。下面以政治（教科版）七年级上、下册教材为例，例举探究课程教材内容与培养理性精神内容的侧重点（注：由于版本在更换之中，需作及时调整和修改）。如下表所示：

学　段	教材内容	培养理性精神侧重点
七年级上册	第一单元　扬帆起航	自信果敢的心理素质
	第二单元　学会学习	全面认识事物的能力
	第三单元　成长中的我	自信果敢的心理素质
	第四单元　人与人之间	自信果敢的心理素质
	第五单元　在分数的背后	冷静处理问题的态度
七年级下册	第一单元　共同的责任	分析事态发展趋势和判断后果的习惯
	第二单元　情感世界	冷静处理问题的态度
	第三单元　无序与有序	分析事态发展趋势和判断后果的习惯
	第四单元　我们的权益	分析事态发展趋势和判断后果的习惯
	第五单元　走进社区	全面认识事物的能力

其二，通过比较研究了解学生理性精神培养与学科成绩提高的内在关联。通过研究三届学生中考主客观试题答题情况，分析理性精神在提高学生学科文化素质方面的重要价值。如下表（调整与完善中）所示：

年级	主观试题考试结果	客观试题考试结果	理性精神培养时间
2017届	准确率上升（　）	准确率上升（　）	1年
2018届	准确率上升（　）	准确率上升（　）	2年
2019届	准确率上升（　）	准确率上升（　）	3年

（注：上升以%计算，保留两位小数）

另外，我们还可以研究不同年龄段教师在理性精神培养研究过程中个人教学业绩提高情况，进而比较不同年龄段教师在培养学生理性精神过程中方法的差别，并在此基础上通过比较差别研究教师在理性精神培养过程中个人教学业绩提高的策略。

（五）实践引领，理智践行——效果与实践观察

《初中思想品德课程标准》中指出："在注重思想品德课知识教学的同时，更要在教学过程中，注重丰富学生的道德体验，提高学生的道德践行能力。教师要深入了解学生的生活经验和学习需求，运用适当方式，引导学生进行道德实践，通过亲身体验与感悟，形成正确的道德观和良好的行为习惯。"课堂教学选取的内容、教学方式等都是需要落实和运用到实际生活中，只有学生真正将所学践行到生活实际才能内化于心。

例如，笔者在上七年级上册《道德与法治》第一单元《扬帆起航》第一课《走进初中》时，笔者在其两课时中设计了以下问题，培养学生成为理智者，做出理性价值判断，从而投入实践。

课　时	探究问题	践行（呈现方式）
校园风景线	作为棠外学子，为更好实现学校跨越式发展可以做哪些力所能及的事？	1. 开展"爱我校园人人有责"校内实践活动 2. 撰写相关心得体会，通过在各班文化墙展示，形成爱校的校园文化氛围。
结识新伙伴	1. 为了更好结识新同学，你打算在具体交往中如何做？ 2. 当你不太适应老师的教学方式和教育方式时，你该怎么办？	1. 可以制作个人名片，与想认识的同学相互交换。 2. 采取面对面、给老师写小纸条或者QQ、微信等方式与该科任教师沟通、交流，消除彼此之间的隔阂。 3. 请同学、父母等他人一起分析问题原因和解决方法，积极寻求帮助。

　　通过类似的实践引领，帮助学生理智地投入实践，这是课堂的延续与升华。学生将所学运用到具体学习和生活实践中，不断积淀理性精神。

　　理性精神是对理性的追求，它关系到学生核心素养的全面发展与提升。作为新课改的老师，应认识到理性精神是政治学科核心素养的重要组成部分，也是教学的重要目标，需重视对学生理性精神的培养，培养出更多具有思辨理性的中学生和未来公民。

教学手段：信息技术与课程整合应 突显学生主体精神

教学是教师教与学生学的统一，新课程理念强调教学过程中应以学生为本，培养学生的主体性，唤醒学生的主体意识，让学生能积极主动地融入课堂，推进教育改革有序进行，以适应社会需求和培养未来创新人才需要。

为了参加全国初中信息技术与课程整合优质课大赛，笔者设计了一节课，内容是教科版初中思想品德八年级第七课第一课时《透视"追星"》，此课在全国总决赛中获得了全国一等奖。赛后，对该课前后两次的教学设计进行了对比反思。

一、失败中"醒"

（一）课前准备

针对教材内容和学生学段特点，在正式上课之前设置了让学生自由分组，借助网络、报刊搜集资料的准备环节。让学生搜集自己喜欢的明星的各种资料，老师在整个过程中给予适当的指导和帮助。

（二）教学过程

首先，以一段贾斯汀·比伯演唱会视频创设情景，引入"追星"主题，然后通过采访形式了解学生喜欢的明星有哪些，为什么喜欢，目的是为了了解喜爱明星的原因；其次，展示了几张明星的图片，让学生猜是哪些明星，在抢答中感受明星的丰富多样；再次，展示了中学生沉迷于某明星的相关文字资料和杨××追星的相关视频，让学生探讨追星的利弊，最后，教师归纳总结，结束本课。

由于准备不够充分，设计的环节条理杂乱且不够清析明了，导致整堂课显得内容生搬硬套、语言干涩，教学过程不流畅，学生"被动"地配合完成了整堂课。同时，由于教研组全程跟进，笔者显得十分紧张，没有展示出一贯的自信、活力和感染力，课堂死气沉沉，讨论流于形式，教师教学也欠缺深度与广度，这是一节无效的课。

课后，教研组老师点评整堂课：教师成为课堂的中心，学生被动参与；学生参与空间狭窄，参与面小；教学目标的实现程度太低；信息技术与课程的最佳整合点还有待挖掘。

笔者陷入了深深的思考和迷茫……

二、调整中"清"

第二次教学，笔者做了如下修改：

（一）课前准备

（1）根据课程时间设置和兴趣，学生收集追星是利大于弊还是弊大于利的相关观点，在老师的指导下分小组、分主题侧重学习：即搜集有关资料，筛选信息，结集成果，准备交流。

（2）学生在网络教室，借助网络收集喜爱的明星的照片、视频和文字等资料，在老师的指导下制作 PPT。

（3）请收藏有自己喜欢的明星的海报、歌碟、影碟等实物的同学谈谈喜爱他们的原因并写成文字。

（4）请同学们就"杨××追星的历程"进行分析。

（二）教学过程

课堂教学部分共有五个板块，即课题引入、互动探究、情感升华、拓展延伸、总结引领。

第一，视频导入。通过一段粉丝狂热追星的视频让学生快速进入了追星的情境，激发学生的学习兴趣，形成学习动机。选取的视频更贴近主题，学生也易把握本节课学习的中心。

第二，互动探究。通过三个环节，即"星光擂台""心随星动""众人论星"完成主体任务。在"星光擂台"中，从收集的图片及音乐中筛选出不同类型明星的 8 张图片和 2 段流行的音乐，使学生对"明星"的含义有一个正确的认识，为后面结尾中拔高和拓展课文深度起了铺垫作用；在"心随星动"环节中，学生展示喜爱的相关明星的海报、歌碟、影碟等实物；展示自编舞，以缅怀去世的迈克尔·杰克逊；用幻灯片展示了喜爱的明星的图片、相关视频，还特意展示中国达人秀小明星潘成濠参赛的舞蹈片断和阿杜的成长历程。

这两个环节极大地吸引了学生的注意力，师生关系非常和谐，教学难点有效突破。同时，由于信息技术的介入，整个教学过程十分活跃、顺畅，学生的展示多样化，配上学生经过反复提炼以及声情并茂的解说，情景交融，优化了教学程序。

在"众人论星"环节中，选取了"杨××追星"这一社会热点话题作为切入点来组织讨论。教师采取"提出问题—引发思考—小组讨论—解决问题"的探究方式，引导学生结合课前上网收集的资料进行 3 分钟左右时间的分组讨论，然后正方与反方开始辩论，最后教师归纳总结突破重点。此环节，采用小组讨论、问题情境教学，通过网络，将社会热点与课堂有机结合，学生进行了"自主探索、协作交流"式学习，有效地突破了重点。

第三，情感升华。告诉学生明星并不神秘，明星就在我们身边。在舒缓的背景音乐中，学生深受启发，用心去寻找我们身边的明星。

第四，拓展延伸。以图片、音乐、文字的形式向学生展示了 7 位各行各业的名人，即政界伟人、科学先锋、文学巨匠、英雄战士、劳动人民、体育界代表、宇航员，引导学生认识到在不同的历史时期、不同的历史阶段，社会各行各业都有明星产生，他们在各自的领域也做出了杰出的贡献。

第五，总结引领。以一段温馨的寄语和总结结束本课，首尾呼应，在《Super Star》的歌声中结束本堂课。

三、反思中"悟"

两次设计，两次教学，课堂反馈差异之大，着实让人惊讶和感慨。细细斟酌，两次教学设计所折射出的教学理念差异明显存在。

1. 信息技术与课程整合的目的是保障学生的主体地位

现代信息技术主要指计算机技术、多媒体技术、网络技术和通信技术等。整合是指把一些零散的东西通过某种方式而彼此衔接，从而实现信息系统的资源共享和协同工作。整合的精髓在于将零散的要素组合在一起，并最终形成有价值有效率的一个整体。整合的根本目的是为了高质量地实现教学目标。第一次教学设计是用多媒体满堂灌，信息量虽大，但学生无法及时接收。老师从头至尾都在使用多媒体，一直通过操作电脑展示大量的文字信息，好像除了多媒体就不能完成教学任务似的。电脑取代了教师，教师的主导作用没有得到很好的体现。第二次教学设计，把图片、音乐、文字、视频与内容进行了有效整合，恰到好处地使用信息技术，使课堂焕发出生机与活力。更重要的是，学生通过网络查找有关追星的利弊的资料，查找喜爱的明星的图片、视频、文字等资料并制作课件，这样可以很好地培养学生主动探究问题的能力和选择信息的能力。

2. 信息技术与课程整合的原则是调动学生参与

第一次教学教师仍是主角，满堂灌，即使有学生参与，但教师都不断地朝自己预设的方向引导，学生毫无主体性可言，导致其余学生也不敢举手，参与性自然就低了，这样学生的主体性与参与性如何能发挥出来呢？科学发展观的核心是以人为本，而现代教育最重要的特征也是高扬人的主体性。新课程要求：在教学过程中，教师应树立"以生为本"的教育理念，改变过去学生被动式学习的方式，改善教学行为和方法，让学生主动、积极地参与其中。教师应根据课程特征和学生个性，努力从学生的经验、生活、兴趣、爱好和个性化选择出发去选择、加深和拓宽课程资源和教学内容。从学生学习角度讲，只有教师真正做到尊重学生、了解学生的内心需求，选取教学素材贴近学生最近发展区，那么学生才能主动参与课堂教学，也才能激发学生的学习欲望，将枯燥的知识变成探索的乐趣。第一次教学设计中，现场采访、追星利弊讨论环节中回答问题的学生只有少数，参与度不高，大部分学生处于游离状态，而且教师预设太多，限制了学生的思维，学生的主体性无法得到体现。而第二次教学设计，通过预设几个模块，一步一步地提高课文内容深度与广度，激发了学生的参与积极性。另外，还增加了"心随星动"环节，学生自主展示自己收藏的明星海报、照片、歌碟、影碟、签名照等实物，展示自主设计的幻灯片，并且现场展示迈克尔·杰克逊的舞蹈，整个过程气氛浓厚，学生参与度高，教师在整个过程中扮演着"配角"，把课堂还给了学生，学生成为课堂真正的主人。

总之，从两次教学设计截然不同的效果中，笔者感受到，借助信息技术平台的目的应该是更有利于学生主体精神的发挥，教学内容如何整合，教学活动如何组织，一切都要看怎样更有利于学生。活化道德与法治课堂教学，需要用新课程的学生主体观审视自己的课堂教学设计和教学行为，保障学生的主体地位，从而真正达到思想品德内化的目的。

教学的求美取向：构建美育化的
思想品德课优质课堂

所谓美育，又称审美教育或"美感"教育，是运用艺术美、自然美和社会生活美培养受教育者正确的审美观点和感受美、鉴赏美、创造美的能力的教育。

——选自人民教育出版社《教育学》

教育部在《关于大力推进教师教育课程改革的意见》中，就"深化教师教育改革，全面提高教师培养质量，建设高素质专业化教师队伍"目标，确定了"创新教师教育课程理念，优化教师教育课程结构，改革课程教学内容，开发优质课程资源，改进教学方法和手段，强化教育实践环节，加强教师养成教育"的实施方向。然而部分学校、部分教师"重主轻副""重智轻德"，只顾高分和升学率，何谈对学生进行美育教育？实施课堂教学中教师是否真正让学生在课堂中感受到了思品课的美？

一、研究美育化优质课堂的背景

《基础教育课程改革纲要（试行）》指出，"新课程的培养目标强调要使学生具有健壮的体魄和良好的心理素质，养成健康的审美情趣和生活方式，成为有理想、有道德、有文化、有纪律的一代新人。"美是什么？李泽厚先生所说："美就是包含社会发展本质、规律和理想而又有着具体可感形态的现实生活现象。"何为美育？笔者进行了多方查询，比较认同这种解释："所谓美育，又称审美教育或'美感'教育，是运用艺术美、自然美和社会生活美培养受教育者正确的审美观点和感受美、鉴赏美、创造美的能力的教育。"在我国，党和国家为更好地对青少年进行美育教育，将美育引入国家的教育方针。之前，有全国政协委员为"十二五"规划建言，提出"美育兴国"。可见，美育有着其特殊的重要意义。在一线思想品德课教学中，教师缺乏挖掘教材之美、素材之美和自身之美的意识，致使课堂毫无美感可言。

二、构建美育化课堂

百年大计，教育为本。如何构建美育化课堂成为众多教师思考和研究的问题。笔者在一线教学中，对美育进课堂进行了些许尝试。具体如下：

构建方式一：努力挖掘思品课教材中的审美内容。

教材是学生学习的主要课程资源，教师应深度挖掘教材的审美内容，切实加强思品课教学中的审美教育，引领学生实现心灵美和行为美。因此，在教学中应当尽可能多地挖掘教材中美的因素，创设美的情境，以便更好地进行审美教育。在讲授七年级下期第二单元第五课第二课时《培育高尚的情感》一课中，我综合了自然界、人类社会中存在的以及艺术作品中所反映的各种各样的美好事物，让学生感受到自然之美、文学艺术作品中的美、社会之美。其中，在讲文学艺术作品中的美时，我展示了宋代诗人苏轼《惠崇春江晚景》一诗，引领学生分析这首诗歌的美体现在哪些方面。学生在交流中感受到了竹子和桃花的自然景色之美，也感受到了诗歌本身的艺术魅力。教材中美的内容丰富多样，教师应挖掘教材中美的内容，才能让学生产生审美心境，感悟和体验美的内容。

构建方式二：教学过程中需对教师提出高要求。

教师在课堂教学过程中占主导地位，是实施美育的主导者。教师应在以下几个方面提高自己：其一，展示教师自身外在"显性"之美和内在"修身"之美。一些老师曾问我，"为何你教的班级学生那么喜欢你的课呢？学生不累成绩又好呢？"我认为这是一个研究的方面，于是我在不同班级找了一些学生谈话，从他们话中，我明白了其中的原因。大多数学生反馈道，"您进教室的同时也把微笑带进了教室，您给予我们更多的是鼓励和支持""您的语言很有磁性且表达清楚让人听着愉悦""您上课很幽默风趣，您的肢体语言很和谐，一节课总是那么短暂"……可见教师因自身的外在"显性"之美吸引学生，使得学生内心接纳并喜欢你，自然你的课学生就喜欢，学习成绩也就自然提高了。同时，随着网络的发达，学生获取知识的途径不断增加，教师要想在教学中实现美育目的，除了要懂得时事政治、国家大事、政史概论（文学）和美学方面的知识外，还应当不断扩充自己的知识面，增强文化底蕴。另外，教师还要直面自己外在和内在涵养方面的不足，在帮助学生"修身"的过程中也要不断"自我修身"，与学生一起体验和感悟"修身"之美；其二，以情感为中介，创造温暖和谐课堂。在教学过程中，师生之间都需要活力，需要情感，才能创造和谐温暖的课堂。美学要以情感为中介，构建美育课堂同样需要情感的纽带。因此，在教学过程中教师要创造有节奏、有形象，既和谐温暖又生动活泼的课堂教学气氛和情景，并在此情景中与学生无形"对话"。教师不可一味地单向灌输，"填鸭式"教学；不可只有一问一答没有情感交流。教学应是师生相互交流情感，从而产生心灵共鸣的过程，这样的教学才是理想的状态，这样的美育品德课堂才是每一个教师追求的目标和学生期待的课堂。

构建方式三：优化课堂教学过程，创造优质化美育课堂。

有一个经典的故事，讲述了一个小和尚不吃盐与老和尚把盐溶于汤，让小和尚非常喜欢喝汤但不知不觉也吃了盐。这个故事让我们明白知识也需要融入情境之中，才容易被学生理解、消化、吸收。教师要从"以学生发展为本"的教育新理念出发，不断创设生活情境，着眼于学生的最近发展区，这样才能不断地激发学生的学习兴趣，开发学生的潜能，点燃学生的思维火花，培养学生的创新思维，给学生以更多的独立思考问题和自我发展的机会，从而突出学生主体性和提高课堂参与性，进而使学生深入到自己的头脑深处搜寻那些已经感知并存储下来的美的材料，并对这些材料进行补充和链接。当通过与教师的双边活动，学生把较乱的记忆连接成和谐的整体，把零散的生活材料整合成完整的画面时，学生自然就在头脑中实现了对美的再次创造，进而实现以情育人、以情感人。另外，教师要明白，一堂课的成功，不仅在于教师展示了专业知识，辅以优秀的教学设计，还在于知识以外的"无形精彩"令学生欣喜。例如，教师一口标准流利的普通话，抑扬顿挫的语调，再配以恰到好处的手势与动作。换句话说，就是教师要以语言美为媒介，巧用形体美互动。最后，教师在面对枯燥的教学内容时，要善于巧用音乐之美，净化心灵与行为之美。在上《保护环境》一课时，在最后升华情感的环节中，我播放了迈克尔·杰克逊的《Earth Song》。这首歌曲是来自心灵的呐喊和呼喊，一句句歌词，一个个画面，都刺痛着教师与学生的心，极富震撼力和感染力，引起了学生的共鸣。

"世界并不是缺少美，而是缺少发现美的眼睛。"在构建美育品德课过程中，教师应心中有爱，加强对学生审美感知能力的训练，不断提高审美感知的灵敏度，以人性的审美的意念润泽学生的生命。希望更多的教师加入到美育的研究之路，提升师生美育素养，努力构建美育化优质课堂。

教学思路求新求稳："一例到底"
让复习课更简约高效

复习课是思想品德课教学中重要课型之一，也是最考验教师教学水平的课。在各级教研课、示范课及优质课等课堂教学中较为少见，一线教师基本是自己摸着石头过河，仍然采用的是教师"包干制"方式，即教师梳理、提取和归纳重要知识要点，学生只需勾划、记笔记等方式机械化的被动接受。这样，教师仍然是课堂的主角，学生的主体地位没有得到实现，教学效果也无法实现高效。

在一线教学中，复习课一般有以下几种教学方式：第一，以教师为中心的填鸭式讲解为主，将教材内容一一呈现，看似复习到位，然而学生的主动性却没有得到实现；第二，教师认为复习课就是简单的背诵重要知识要点，于是规定学生在课堂中背诵笔记或者教辅资料相应要点，简单来说就是以背诵为复习方式，学生成为"背多分"，疲惫不堪；第三，教师自认为相关知识学生已学，不需要再次重复复习知识要点，于是采取以做题、考试为主的复习方式，在做题中过关。学生在题海中苦游，学生成为做题机器人和考试机器人，应试教育仍占上风，素质教育成了口号。如何上好复习课是一线教师比较关心的问题，笔者作了些许尝试。

为参加"一师一优课"录课，笔者以教科版八年级下册《思想品德》第十二课《法制：市场经济的护卫者》为例，此课是八年级下册教师最难上、学生最难学的一课，难度极大。笔者当时是九年级教师，由于时间问题，该课已上，但已授课教师反馈教学效果不太理想，学生仍然难以理解和运用。于是，我采取借班上课并以复习课的方式进行授课。课后，我对该课采取的不同复习的教学方式授课进行了对比反思。

一、山重水复疑无路

（一）教师第一次备课的思路

本课由《市场经济是公平经济》和《市场经济是法制经济》两课时构成。

学生已对本课进行了学习，有了初步的理解，需要引导学生熟悉本课内容。教师给出主干核心框架，并让学生熟记重要基础知识，学生能够熟背。另外，由于本课较难，在复习中主要以教师讲解为主，以此实现教学重难点，达到复习的效果。

（二）第一次教学流程

课前，学生无任何前期准备，教师将该课主干知识进行了归纳和搜集了一些历年考题；课中，教师在整个教学过程中通过简单的"一问一答"教学方式、学生勾划学习方式和学生背诵过关的方式进行；结尾，教师将搜集的试题作为课堂训练，检验学生学习效果。

然而，在以上的常规教学理念和教学行为下，学生学习兴趣并不浓厚，课堂死气沉沉，看似学生在动脑、动手、动口，但是明显感觉是"配合"老师完成教学。整个互动中，学生是机械化、被动化接受，没有形成发现问题、分析问题和解决问题的意识和能力，自然本堂课的重难点没有突破，学生也不会灵活运用教材知识，是一节常规教学下的粗线条复习课，是一节毫无生趣、低效的课，更是一节值得剖析、反思和研究的教研课。

课后，笔者对该课的设计思路进行了反思，认为仍然没有跳出"固定思维"，课堂仍然是教师为主角下的面面俱到，教师已经剥夺了学生的自主学习与分析的权利，学生可以发挥的空间较小，学生的学习能力、思维能力和解析能力没有得到相应的培养。笔者请教了同行，我们共同探讨此课，其中一位老师这样点拨："每一部优秀的电视剧或电影都有主角，主角贯穿整部电视剧或电影，都会有一个一个故事情节展开，观众在故事情节变化中情感也随之变化，这样便抓住了观众的心和注意力，激发了观众看剧的热情和兴趣，让观众自主地、积极地投入到故事情节之中。"笔者听后深受启发，对该课的设计进行了大改。

二、柳暗花明又一村

（一）教师第二次备课的思路调整

1. 课程标准与教材分析需高度统一

教师对本课在课程标准、教学目标、教学重难点及教材内容等方面再次进行了细致解读和整合。本课主要聚焦市场经济既是公平经济也是法制经济，教学目标是培养和提高学生在市场经济中的公平意识和法治意识，分辨经济活动中的违反行为和相应处罚后果，提高辨别社会现象的能力，自觉遵守市场规则和秩序，学会用法律武器保护自身合法权益，做一个知法、懂法、守法、用法的中学生和未来公民。这样，教师研读课程标准为教材分析提供了依据，在教材分析透彻下进行教学设计更能体现新课程理念和实现教学目标。

2. 教学理念与教学行为需有效对接

教学理念是教师教学行为的指挥棒，关乎教育目的、教育方式、教育目标和教育宗旨。本课是一堂贴近学生生活实际的典型法治课，需要取材于学生最近发展区，贴近当前热点话题，让学生有话可说、有话能说。教师采取了"一例到底"的教学复习法，聚焦"网约车"，以网约车的兴起、发展（问题与对策研究）为突破口，让学生在课堂中都能动起来，在合作探究中内化并运用。

（二）第二次教学流程

以"网约车"为主线的复习课，教学环节共有五个复习板块，即复习导入、争议中的网约车、合法化的网约车、发展中的网约车、寄语网约车。

第一，复习导入。教师课前播放一段有关滴滴快车的宣传片暖场。上课开始，教师通过现场采访的方式与学生互动，"周末放学，你打算和同学去逛春熙路，你们会选择哪些交通方式？为什么？"问题一抛出，学生就沸腾了。很多学生选取了滴滴等网约车，教师借大多学生谈到的网约车为话题引入了课题，极大地调动了学生关注网约车发展的学习兴趣，奠定了和谐互动的课堂基调。

第二，争议中的网约车。首先，以小组为单位，讨论"你认为类似滴滴的网约车在我国快速发展的原因有哪些？"问题来源学生生活实际，也贴近时事热点。教师与学生分析原因后，展示网约车在 2014 年被一些地方交通局定义为非法运营，按"黑车"处理等相关未合法化的资料，同时，展示 2015 年滴滴快车为拓展市场采取低价甚至零起步价的方式占领市场份额。之后，生生之间共同探究这一行为带来的影响，学生结合以上材料和探究交流结果，很多学生较为理性地分析了网约车的出现尽管方便、价格便宜，但未被国家承认并不合法，这样无法保证各方利益，另外，其采取低价方式占领市场的做法打乱了市场秩序。随后，教师展示相关图片（西安、南充、大连等地出租车司机集体抵制网约车），即网约车的出现打破了出租车行业的垄断局面并触碰出租车行业的利益，导致我国各地出租车司机聚集抵制网约车并在政府门外路段维权。结合以上素材和讨论，初步让学生明白了市场经济健康运行应公平竞争的道理，同时，为了适应成都市中考和教会学生查找、运用相关教材知识回答问题，教师设置了以下问题：结合《市场经济是公平经济》相关知识，说明出租车司机抵制网约车的原因。由于初二学生还未更多接触成都市中考题型，笔者结合此题先给学生讲做题方法，并一步步教学生如何翻书、如何查找相关知识、如何组织语言及如何答题。随后，小组成员在组长组织下共同讨论，记录探究成果，小组派代表上台展示，笔者要求学生展示小组成员的分析过程、查找书本过程和组织答案过程，再次强化学生做题方法和提高学生实践运用能力。学生分析完后，得出重要结论。笔者顺势抛出问题，即"如何才能更好地维护各方利益？（网约车司机、消费者、出租车司机等）"。学生积极献言献策，最终，大家统一认识：相应法律法规健全才是最根本保障。

第三，合法化的网约车。笔者通过 PPT 展示国家在 2015 年出台《网络预约出租汽车经营服务管理暂行办法》（以下简称《办法》）前向社会公开征集意见的过程和正式通过《办法》的新闻链接。

> 2015 年 10 月《关于深化改革进一步推进出租汽车行业健康发展的指导意见》和《网络预约出租汽车经营服务管理暂行办法》两个文件的征求意见稿正式出台，在为期一个月的意见征集时间里，共收到 5008 件、6832 条意见建议。主要集中在巡游车经营权管理改革、网约车平台是否应纳入管理及管理方式等十个方面。

> 《网络预约出租汽车经营服务管理暂行办法》于 2016 年 7 月 14 日经交通运输部第 15 次部务会议通过，并于 2016 年 11 月 1 日起正式施行。

《办法》于 2016 年 11 月 1 日正式施行。教师与学生讨论得出共同结论，即国家从法律层面明确了"网约车"的合法性，"网约车"这一新兴出行方式自此进入法治轨道。然后，展示了以"网约车进入中国市场""定为不合法""商讨暂行办法""承认合法"为内容的四幅图片，学生通过四幅图片的变化得出启示，即"市场经济是法制经济，要维护现代市场经济的公平与公正，保证正常的市场秩序，就必须有与市场经济相适应的法律。"随后，以成都市中考常用出题方式，结合此《办法》相关条例进行命题，提高学生综合分析能力。

材料如下：

> 材料一：《网络预约出租汽车经营服务管理暂行办法》已于 2016 年 7 月 14 日经交通运输部第 15 次部务会议通过，经工业和信息化部、公安部、商务部、工商总局、质检总局、国家网信办同意，现予公布，自 2016 年 11 月 1 日施行。

材料二：

《办法》第二十条： 网约车平台公司应当合理确定网约车运价，实行明码标价，并向乘客提供相应的出租汽车发票。

《办法》第二十一条：网约车平台公司不得妨碍市场公平竞争，不得侵害乘客合法权益和社会公共利益。网约车平台公司不得有为排挤竞争对手或者独占市场，以低于成本的价格运营扰乱正常市场秩序，损害国家利益或者其他经营者合法权益等不正当价格行为，不得有价格违法行为。

材料三：《办法》第十四条：从事网约车服务的驾驶员，应当符合以下条件：取得相应准驾车型机动车驾驶证并有 3 年以上驾驶经历；无交通肇事犯罪、危险驾驶犯罪记录，无吸毒记录，无饮酒后驾驶记录，最近连续 3 个记分周期内没有记满 12 分记录；无暴力犯罪记录；城市人民政府规定的其他条件。

探究问题：运用《法制：市场经济的护卫者》相关知识，说明政府是怎样推进网约车行业健康发展的？

通过学生小组讨论、代表发言、上台演示 、同学互助、教师点拨等方式，同学们比较容易地解决了难题，有效地突破了重难点，且符合学生认知规律，也加深了其对本课知识的印象。最后，教师再次选取了《办法》有关保护消费者合法权益的条例，让全班同学分析，找出相关条例体现了保护消费者哪些合法权利？通过对相关条例的分析，学生对所学的消费者基本权利有了更加深入的了解，并明白自己的合法权益受到侵害时要学会运用法律武器保护自己的合法权益。教师将《办法》中的有关规范网约车、网约车司机和网约车平台以及保护消费者的相关条例鲜活的引入课堂，巧妙地、艺术性地将时事政治热点与教材知识相结合，增强了学生的学习兴趣和探究欲望。教师以网约车为主线背景层层推进，让学生在复习中始终围绕一个主题层层剖析，拓展了学生的创造性思维，达到了高效复习的效果。

第四，发展中的网约车。教师过渡引导学生，"网约车得到合法化后与出租车公平竞争，然而网约车有滴滴等类似的平台可以更好、更快地接单，比起出租车具有互联网等方便的优势。同学们认为怎样才能改变出租车现状？"学生运用之前所学的知识，不约而同地谈道，行业之间不仅仅需要竞争赢得市场份额，更需要合作实现双赢。教师展示了出租车与滴滴达成战略合作的相关新闻和"网约车发展与消费者权益保护研讨会"中关于二者合作后的对比数据。通过两条新闻与数据对比，让学生探究从中得到什么启示。这个问题是对本课的高度总结与升华，有利于培养学生综合分析问题能力。学生交流结束后，教师作点拨归纳，并运用独具匠心的板书串联该课，最终通过连线方式画出一幅雨伞，增强了课堂教学的感染力、吸引力和渗透力，充分发挥了板书画龙点睛的作用。

第五，寄语网约车。伴随着轻松愉悦的轻音乐，教师通过对网约车合法化的发展变化谈到对未来网约车发展的寄语和引领学生正确认识新鲜事物、强化法制意识的希望，首尾呼应，利用滴滴快车的广告语结束了本课。

三、一分辛苦一分才

前后两次的不同设计与不同教学，其教学效果完全不一样。对于常规化的复习课教学方式和比较新颖的一例到底的复习方式差异较为明显。当然，这里不是说任何复习课都需采用一例到底，而是表达一种教学理念、教学行为的改变则教学效果会大大不同。

（一）"一例到底"复习在素材选取上要紧贴热点从而体现实效性

《初中思想品德课程标准》要求，教学要开发和利用学生已有生活经验，选取学生关注的话题，紧贴学生生活实际。第一次教学设计中，教师采用简单化的传统复习式，没有有效地整合教材内容，学生机械化地勾画和回答，完全是形式上的复习，没有内化于心。第二次教学设计，教师选取了贴近学生生活的网约车话题，采用网约车的发展变化过程贯穿整个教学的方式，采用采访、图片、视频、新闻、法律条文、音乐等资料和小组合作、生生探究、师生共学、上台演示、教师点拨等教学方式让课堂充满活力、激情和智慧，学生在自主思考和合作探究中发现问题和解决问题，培养了学生的团结协作能力，带动了更多学生自觉地融入学习之中，让枯燥的复习课活起来了。教师需平日里多关注时事，要有高度的教学敏感性，将时事热点融入教学之中，让学生从热点中寻找考点，进一步培养自身关注热点新闻的习惯，将书本所学融入实际生活、学会迁移、学以致用。

（二）"一例到底"复习在情境创设上要紧扣教材体现综合实践性

第一次教学设计中，课堂复习无任何情境创设，没有关注学生的生活体验，学生在一堂课中只是单纯地熟悉教材，教师满堂灌、学生满堂吸，最后导致学生生搬硬套，凭借感觉做题，自然效果较差；第二次教学设计中，选取了具有典型情境的网约车话题，以网约车为主线，围绕教材内容进行恰当的复习指导。同时，结合具体情境和贴近中考要求设置问题，教会学生从情境中寻找关键词，学生共同探究，围绕问题查找教材相关内容，将理论知识与情境相结合，提高了学生分析和运用知识的能力。因此，教师在复习课中，要注重合理的情境创设，要贴近该情境进行立意命题，提高学生对情境资料的解读、筛选、加工的能力，运用科学的解题思路分析问题和答题，才能更好地提高学生的思维能力和答题的准确性。

　　总之，两次不同的教学设计带来了不同的教学效果，笔者深刻明白复习课其实也可以换一种方式，这样才上得更有趣、更生动和更有效。复习课采用"一例到底"主线条方式，打破了传统的复习模式，课堂更简约化，突出了学生的主体地位，增强了课堂的时效性。

教学中的同伴学习：立足课堂实时观察，提升议课水平

传统听课过程中，教师都是坐在教室后面听"声音"，即学生读书声、讨论声、教师讲课声等，听课位置固定化、听课内容单一化。只听而不观察学生、教师的行为、表情、动作，也不观察师生之间的情感互动交流，这样的听课是低效甚至是无效的。近几年到各地学校听课，发现这些学校的思品教研组各成员在课后评课中出现很多重复地方，每位教师将优点与缺点反复讲，对授课教师授课效果下结论、作判断，没有各自负责观察的任务分配，导致评课"形式化""固定模式化""随意性""个体独立性"，缺乏目的性、针对性和集体性。

笔者之前写过一篇文章，文中提出教研组各教师如何进行有效的课堂观察。如：教研组在听课之前，与除授课教师以外的成员商讨观察内容，使得个体观察中带有明确的目的，借助自己所需要的辅助工具进行记录，从而做出相应的分析，为改进第二次及以后教学提供思考和研究的素材。这里就不一一谈论如何进行课堂观察了。以下笔者就一线教研组在课堂观察后议课提出几点建议。

建议一：议课重在"议"，贴近教师"最近可能区建议"

要想议课达到有效性，带动每位教师敢于发言、说真心话，要注意三个方面。其一，给授课教师及其他老师"减压"。课堂观察后，对授课教师进行评课，建议不能与对人的喜爱程度挂钩，不能对教师授课水平下结论，最好不与奖惩挂钩，因为议课不是为了想方设法去挑毛病和缺点，而是为了帮助授课教师清晰知道优缺点在哪儿，如何改进以及对观课教师自己的启发。另外，有的评课教师担心自己评得不好会招致授课教师或其他老师的冷眼相待，或者担心评课语言太犀利而伤害同事等心理焦虑，会在评课中说假话、敷衍了事，因此，创建良好的教研风气是议课的前提条件。因为课堂观察的最终

目的是为了促进教研组每位教师专业化发展，而不是评价教师自身素质的好坏；其二，教研组各成员根据观察量表进行深入思考与发言，但所发言的建议或改进方法必须贴近教师"最近可能区建议"，即提供的建议必须贴近当地学校实际、教师实际和学生实际，重新打造教学设计，改进教学行为，还可让相应观课教师对自己的不同讲授方法进行现场"表演"，这样更直观、有效；其三，授课教师、观课教师谈感受、谈收获，确定第二次听课的时间、地点等相关事宜，确保下次课堂观察的顺利开展。

建议二：提高议课语言深度，促进教师专业成长

"语言的根本目的在于实现共同的目标。"合理、有效的语言有利于提高议课质量。议课之前可以让授课教师先说，针对课堂观察的点进行自我评价，目的是为了让授课教师清楚认识自我的需要及课堂观察的必要性，也是为了培养授课教师课后能及时、自觉地反思和改进的习惯。议课中选取观察现象进行思考，大家各抒己见，可以谈类似的教学中的困惑，也可以谈实践中的问题和收获，给予其他老师一些参考和思路，大家再深入研究。议课后授课教师包括其他成员可以对本次教研活动讨论的话题进行梳理、整理，形成课堂观察案例、论文或报告，以供其他成员学习和借鉴。

建议三：形成观察方法，议课"磨"出精彩

备课组或教研组为更好地实现议课，在议课前需要分配观察点。比如，一位教师可以观察课前学生状态、学生准备状态和教师上课前的状态，通过观察来反思课前组织管理与课堂感情基调。例如，一位教师观察课堂导入方式、导入时间、问题与主题的衔接等，通过这个方面讨论导入中的问题和探究有效性；一位教师观察授课教师的课件与板书分配的合理性、创意性，在此中议论课件不能完全取代板书，以及板书的设计如何画龙点睛；一位教师观察学生小组谈论、发言与教师的点拨，从此问题中议论小组合作如何更有效、教师点拨如何更准确……每个教师课前都有听课任务，那么在议课过程中就更有"话语权"，也才更具针对性。这样，避免了听课教师随意敷衍、滔滔不绝的现象，避免了尽说优点、少讲缺点、随意评价的怪圈，让议课更有价值、更有意义。议课后，授课教师可以根据议课中提出的问题进行修改和完善，进行第二次、第三次授课，最终还可以形成教研组优质教学设计与教学实录，并作为优质课进行推广学习和践行。其实，每一次的课堂观察后的议课，都是对第二次、第三次的课堂提供参考、借鉴，这个"磨"的过程也

是教师不断成长的过程。

教研组进行课堂观察后的议课，目的是为了集聚每位教师的智慧，分工合作，有事可做、有言可发，有目的、有参与，促使听课的教师必须集中注意力，让教研组所有成员都能有所收获。大家在分工合作中可促使授课教师更好地重视每一个教学环节，更好地贯彻新课程理念，以生为本，落实学科核心素养，促进学生的发展，提高教育教学质量。

第二篇

教学设计与点评

——积累专业成长的点点滴滴

教学有法，教无定法，贵在得法。新课程下的教学设计应依据新课标要求，体现学科核心素养，坚持以生为本的理念，遵循学生身心特点和认知规律，关注个体差异，满足不同学生学习需要。从"为什么学""学什么"和"如何学"三个方面预设教学活动方案，以实现教学三维目标，提高教学效果最优化，实现师生共同成长。笔者长达多年一线教学研究，重点选取了"一例到底"教学方式下的优秀教学设计，以一个事件、一个人物、一部作品等为研究主线并贯穿整个课堂教学流程，打破传统教学法束缚，将相关零散的案例（素材）集中，构建简约化课堂，使课堂教学更具有情境性、整体性和有效性，如行云流水，自然天成。

《他律与自律》教学设计

【教学理念】

《初中思想品德课程标准（2011 年版）》明确指出，教学活动中要加强初中学生思想品德教育，帮助学生树立法律意识，增强社会责任感和社会实践能力，引导学生遵守基本行为准则，使学生成为守纪律的好公民的课程总目标要求。基于课标，教师应更新教育理念。理念是行动的先导，教育观念对教师的教学起着指导和方向性的作用。教学中必须坚持"以生为本、人学定教"的理念，一切教学方式都必须为了学生而开展，关注学生的情绪生活和情感体验，以学生最近发展区为核心，创设情景，激发学生学习兴趣和学习动机，为学生成长奠基，促进学生全面发展。

整个教学过程采用"一例到底"教学法，在遵循学生的认知规律的前提下，选取以孙悟空为核心人物的西天取经过程为逻辑主线并贯穿课堂教学始终，从而结合学生最近发展区生活内容，通过师生、生生之间的多向互动、平等对话和积极研讨等形式，引导学生在探究中自主建构知识、培养能力和明理导行。教学中以孙悟空为主线贯穿整个教学流程，不断创设情境，运用道德两难法，师生共同合作探究，以此突破重点和难点。

【教材分析】

本课教学内容出自教育科学出版社初中《思想品德》七年级下册第三单元"无序与有序"第八课《心中的规则》第一框。该课是对第六课《规则与秩序》和第七课《法律初探》知识与情感的深化，也是对学习第四单元《我们的权益》起铺垫作用。为更好地激发学生学习兴趣，贴近学生最近发展区，我选用学生耳熟能详的神话故事《西游记》，以孙悟空为主线贯穿整个教学过程，通过四个环节层层推进、深入浅出，让学生在教学活动中不断培养规则意识，并能初步认识他律与自律在自己成长过程中的重要性，最终落脚点为让学生在生活和学习中养成良好的自律习惯，进而做到心中有规则。

【学情分析】

现状分析：七年级学生独立意识逐渐增强，具有一定的知识经验和独立生活能力，已经开始有意识地要求脱离父母的怀抱，并逐步开始渴望认识自我、了解自我和发展自我。但是由于青少年的思维并未完全成熟，处在直观和感性阶段，价值观与是非观比较模糊，缺乏对事物的深入思考，所以要让学生在教学中通过活动与分析感受自律的重要性，树立学生的自律意识，进而培养学生对自我负责任的态度。

知识与能力基础分析：七年级下册第三单元共有三课，在前两课《规则与秩序》与《法律初探》的学习中，学生已经初步了解了一般规则和特殊规则，对一般规则和特殊规则所具备的特点有了清晰的认识。另外，我校学生大部分来自省内各市州，也有来自省外的，学生的知识情况有些差异，但学生对《西游记》都比较了解，具有共识性。另外，学生的思维比较活跃，多才多艺，综合素质较高，由于平时经常针对学生展开课堂训练，学生具备了一定的合作能力和语言表达能力。

【教学目标】

1. 情感、态度和价值观目标

（1）培养学生尊重规则和尊重法律、遵守法律的意识，养成对自己、对他人和对社会负责任的态度。

（2）增强学生对他律和自律重要性的认知，特别是自律，达到自觉遵守和维护公共秩序的目的。

2. 能力目标

（1）通过学习本课能有效结合自身学习与生活实际区别他律与自律。

（2）在学习与生活中体会自由的魅力，培养自我约束和调整的能力。

3. 知识目标

（1）引导学生理解他律、自律、慎独的基本含义，了解其基本表现和不同之处。

（2）了解他律、自律与自由的关系。

【教学重难点】

教学重点：理解他律和自律的重要性。

教学难点：他律、自律与自由的关系。

【教学方法】

教法：一例到底教学法、启发式教学法、情景创设教学法、道德两难法。

学法：角色体验法、小组合作法、分析归纳法。

【教学过程】

课前播放电视剧《西游记》主题曲《敢问路在何方》。

（设计意图：活跃气氛，让学生饱含情绪进入课堂学习。）

环节一：播放视频　导入课题

1. 播放视频

选取唐僧给孙悟空带上紧箍，悟空棒打师傅，师傅念咒中一段视频。

2. 导入课题

导语：为何师傅要给悟空戴紧箍？通过生生交流，引出中国俗语"不以规矩，不成方圆。"提出本节课要探讨的话题：他律与自律。

（设计意图：通过学生非常喜爱的经典电视剧歌曲引入主人公孙悟空，并且借取经前念咒片段提出问题、引导思考，从而导入课题。所用视频短片贴近学生生活实际，吸引学生注意力，激发学生学习热情。）

环节二：情景创设　突出重点

1. 展示情景对话（多媒体展示）

唐僧：徒弟要听话，否则为师就要念紧箍咒了。

悟空：我要怎样做，师父才会少念紧箍咒呢？

2. 角色互换（启发思考，探究问题，引出他律）

问题：如你是唐僧，你会给悟空制定哪些规则，即告诉悟空怎样做才能免受责罚？

3. 自我反思　拓展升华

（1）他律大搜索：谈谈你在学校和家庭中受到哪些约束呢？

（2）阅读反思：观看《家风是什么》，由此学生谈自己的家风，教师展示名人家风、普通人家风、国家领导人家风（多媒体展示）。

（3）感悟：检查自己的行为，举例说明自身情况，明白他律在成长路上的必要性和重要性。

（设计意图：此环节采用角色互换体验法、两难法，将学生置身于人物角色之中，通过学生与学生对话交流，引导学生明确"他律"的含义及其具体表现。通过搜索身边的他律行为，以及展示各类人群的家庭对家风的重视，理解他律的重要性，反思自己行为，并初步认识和接受他律对自身发展的影响，从而突出教学重点。）

过渡语：家风对我们如此重要，可见外在的要求是必要的。但它的作用是最有效的吗？接着我们继续关注悟空取经过程。

设置问题，自然过渡到第三个环节。

环节三：道德两难 内化行为

1. 播放视频（多媒体展示）

视频内容：（取经一段时间后）唐僧被妖精抓进黄风洞。

2. 深度探究（小组交流，合作探究，引出自律）

唐僧又被妖怪抓走了，如果你是悟空，你会去救他吗？为什么？

3. 与你分享

寻找自律（慎独）的正能量（老师、同学、父母、陌生人等），说说自己推荐典型的理由。

（设计意图：运用道德两难法将学生置身于情境之中，引导学生自主探究与合作探究，使学生在自主思考基础上与同伴进行观点碰撞，进而在合作交流中明确自律的含义及其表现从而突破又一重点。）

过渡语：他律和自律都是为了让我们更好地遵守规则，但这些规则会限制我们的自由吗？

设置问题，自然过渡到第四个环节。

环节四：设置情景 突破难点

1. 情景设置

孙悟空内心独白："俺老孙今天心情特别惆怅，取经确实太辛苦了，好想回到花果山……"

2. 视频播放

孙悟空在花果山自由自在、无忧无虑的生活视频片段。

3. 微信展示

（1）孙悟空给观音菩萨发的微信录音（学生用四川话表达）。

（2）观音菩萨回复悟空的微信内容（内容为四张图片）。

4. 深度探究

（1）回忆这四幅图片，想想这些图片告诉我们悟空怎样的经历？（每个小组派一名代表讲述）。

（2）悟空自由和失去自由的原因是什么？

探究分析：从四幅图中，你能得出规则和自由的关系吗？

（设计意图：此环节通过假设情景，运用模拟微信平台，引导学生自主探究分析四幅图片（大闹天空、被压五指山、唐僧解救悟空、唐僧念咒惩罚悟空），使学生在对悟空成长过程中的情况进行理性分析中明确：世界上只存在相对自由而无绝对自由，任何自由都需他律和自律才能获得，从而理解规则与自由的关系，进而有效突破难点。）

环节五：积极践行 品格内化

1. 师生朗读

世间从没有绝对的自由，所有自由都是以约束为前提的。

2. 积极践行

（1）学生搜集有关他律、自律与自由关系的名言，选出自己最喜爱的一条与其他同学分享，说说自己喜欢的理由。

（2）找自己在学习和生活中较难做到自律的表现，有针对性地制定自己的自律戒条。

（3）教师寄语（多媒体展示）。

（设计意图：实践性是思想品德课程的重要特征，践行是思想品德课教学的最高目标。该环节是对前几个环节的总结和升华，通过学生搜集和朗读名言，进一步让学生明白他律、自律、自由各自的含义与相互的关系，并在学习与生活中学会遵守规则，形成自律意识，做到自省，做到心中有规则。此环节起到了首尾呼应，画龙点睛之作用，是注重了学生道德认知与道德实践的有效结合，彰显了学科特色，从而有效达成三维目标。）

附：【教学反思】

本堂课以课标为依据，以新课改理念为指导，根据学生的特殊年龄阶段的心理特征和学习认知规律，以学生为主体、教师为主导，采用"一例到底"的教学方式，以孙悟空为主线贯穿整个教学过程，充分挖掘学生最近发展区资源，创设幽默风趣、和谐温暖的教学氛围，采用多种教学手段激发学生学习兴趣，拓展学生的思维能力，收到了较好的教学效果。但要注意，不是每堂课都能使用"一例到底"的教学手段，其对教师素质要求很高，要求教师能够以一个主体案例为载体，多个角度去分析本课的重难点。由于教学内容丰富性和学情复杂性，一个主体案例很难兼顾所有教学内容，很难让学生形成全面科学的认识，这就要求教师和学生添补辅助素材来完善"一例到底"教学，真正地把握"主题升华"与"课后反思"的生长点，在"主题升华"中提高教学实效，在"课后反思"中提升教师专业化发展水平。

【专家点评】

袁老师的这篇教学设计以"问题导学"为突破口，秉承"用教材教"的教学理念，围绕探究主题，以提高学生分析问题和解决问题等综合素养为目的，优化教学过程和育人环境，为学生营造宽松、和谐、开放的学习氛围，让他们说出真想法、探究真问题，能吸引学生积极参与，课堂教学改革的氛围深厚。具体看有以下几个显著特点：

思路设计明晰　一本好书或一个好故事，无论是长还是短，无论多少情节或曲折与否，我们都能感觉到有一条明晰的线索，并能理解作者想表达的中心意图。一堂好课也是如此，不管课堂环节多与少，教学内容繁与简，我们都能感觉有一条明晰的线索贯穿其中，并直达教学目标。本课教学内容主要有三点：引导学生理解他律、自律的概念，以及他律自律与自由的关系，本设计围绕这三点内容，设计了四个大的板块："情景创设，突出重点""道德两难，内化行为""设置情景，突破难点""品读感悟，积极践行"，从"他律"谈起，到"自律"，再到"他律自律与自由"，最后进行升华感悟，中间或有其他的活动，或拓展、或深化，都紧紧围绕本板块的教学任务，意图十分明确，不牵绊、不杂乱。

作者设计此课如同写一篇文章，先恰当定出本课的教学目标，然后围绕目标确定哪些素材、什么样的素材来突出这个教学目标，这些素材按什么顺序呈现、如何呈现，做到了心中有丘壑。使得本设计线索明晰，架构合理，有较强的可读性。

情境设置高效　此教学设计摆脱了思想品德课堂照本宣科，简单说教枯燥理论，生硬僵化死气沉沉的课堂教学景象，在创设情景上"为伊消得人憔悴"，把高度浓缩的思想品德理论融入到学生喜爱且熟知的教学情景中，让学生在生动有趣的教学情景中积极思维、探究体验、合作交流，使得学习过程如沐春风，清新顺畅。

此教学设计的情境极具趣味性。《西游记》是我国的四大名著之一，而电视剧《西游记》更是剧中经典，人人皆知，老少通吃，长盛不衰，深得全国人民的喜爱。本设计选取《西游记》中的具有教育意义且动人心魄的经典场景：唐僧念咒、悟空救师、菩萨点化等作为背景，把对教学理论的探究融入其中，极大地调动了学生的参与兴趣。托尔斯泰说："成功的教学所需要的不是强制，而是激发学生的兴趣。"因为教学的趣味性能够激发学生的学习兴趣，调动学生的积极情绪，集中学生的注意力，从而有效提高课堂教学效果。从调动学生兴趣的角度来看本设计教学情景的设置，无疑是十分成功的。

此教学设计的情境也和极度契合教学内容。唐僧之所以念咒，是因为悟空不服约束，一味按自己的主张，随意打杀，这既不符合人道主义要求，更不符合佛教理念。唐僧说教无力，只要用咒语进行管教，这种管教就是他人对悟空的约束，表达的是"他律"的教育主题；唐僧被妖怪掠走，再无人可以管束悟空，唐僧多次对悟空施咒，曾经让悟空痛得死去活来，现在唐僧被困，悟空完全可以由着自己的性子，公报私仇，不施救援。那么悟空救还是不救呢？这就要靠悟空心中向善的信念，这就是"自律"。而菩萨对悟空的点化，恰恰是对悟空关于"纪律与自由"困惑的一记醍醐灌顶。

　　教学情景应该具有生活性、生动性，能引起学生关注，调动学生学习兴趣，但是仅有这些还不够，它必须还得符合学科特色，契合学生认知水平，与一定的学习目标相连，并且内含一定的问题情境，具有探究的价值，能引起学生思考。按这些条件来衡量，本课的教学情景设计也是高效的。

【专家简介】

　　姚献丽，湖北省襄阳市襄城区教研员。湖北省优秀教师，湖北省教学改革先进个人，襄阳市教科研先进个人，襄阳市思想品德学科带头人，全国优质课教师。

《超越崇拜》教学设计

【教材分析】

《偶像与自我》包含两部分内容，即透视"追星"和超越崇拜。从内容上来说，是《从众与自主》的延伸与深化。都是以真实的实例，用辨证的观点和学生的视角对学生偶像崇拜现象进行分析，从而给予人生态度的指导。第七课是在第六课的基础之上，更具体的对学生中普遍存在的追星现象的剖析和指导，重在引导学生从多角度认识事物，发现事物的本质，规避盲目性和片面性。本课为偶像与自我的第二部分，从前一部分，学生已经了解了追星的利弊，知道了不能盲目追星，这一部分就进一步提升学生的认识高度，最终是联系自我，明白偶像与自我的关系中，自我发展才是关键。

【学情分析】

青春期学生也是"多梦"和喜欢"追星"的，但是，这个时期的学生往往缺乏对事物的正确判断能力。对于偶像，他们看到的更多的是其光鲜亮丽的一面，却看不到偶像也是有缺点的。所以在这里需要老师的引导，使学生能够正确看待偶像。

八年级的学生正处于生理和心理上的巨大变化阶段，开始向往和追求独立自主的，是多梦年龄。由于生理上的发展，他们认为自己已经长大了，希望能够独挡一面，渴望摆脱父母、老师的控制。然而，他们心理上的发展却远远滞后，他们有限的生活经验使他们往往停留在对偶像的表层性欣赏，崇拜的是形似。通过本节课的学习，希望能够让学生学会从多角度来看待偶像，从对偶像的实质性欣赏，升华为对自身生活的激励和规划，从而拥有自己独特的、丰富的人生轨迹。

【教学目标】

1. 情感态度与价值观目标

通过了解明星成功背后所付出的汗水与艰辛，引导学生化偶像为榜样，将偶像所代表的精神内化为自我成长的动力。

2. 能力目标

（1）通过让学生全面的评价偶像，培养学生的全面系统看待问题的能力。

（2）通过让学生收集整理偶像成功背后的故事的材料，培养学生的获取信息的能力。

（3）通过本节课的学习，让学生掌握正确的追星方式。

3．知识目标

（1）使学生全面地评价偶像，看到偶像的优点和缺点。

（2）让学生关注偶像成功背后的艰辛和汗水。

【教学重难点】

重点：理性对待偶像崇拜。

难点：正确处理偶像与自我的关系，超越崇拜，走向自我。

【教学思想】

教师尽量给学生创建一个充满兴趣与乐趣的学习环境，倡导学生积极主动地参与教学过程。教学中注意拓宽教材的探索空间，挖掘教材的个性内涵。通过展示、介绍、讨论、图片展示、视频播放、辩论等方式，让学生在老师的引导下自主探讨并解决问题。

【教学方法】

基于学情分析，本课综合运用情境创设、直观演示、问题探究、自主探索、协作交流等方式进行教学。

【教学手段】

多媒体教学

点评：教材与学情分析准确、全面；教学目标明确、具体，体现了知识、能力、情感态度价值观的有机统一；教学重点难点设计合理，符合学生认知规律；教学方法得当。

【教学过程】

教学环节	教学活动设计	设计意图
课题导入	教师：播放周××《一千个伤心的理由》表演视频（但不展示画面） 学生猜测：这首歌曲是谁唱的？是原唱吗？ 小结：他就是周××。一个梳着小分头、穿着得体的西装、会说普通话和上海话以及拥有者独特的姿态和语气的40多岁的艺人。或许你喜欢他，或许你不喜欢他；或许你崇拜他，或许你不崇拜他；但不管如何，我们不能否认，他现在确实是比较红火的明星，也受到了很多人的喜爱和追捧。这么一个40多岁的男人，为何吸引着不同年龄阶段的人喜欢他呢？对于周××，我们了解多少呢？今天这堂课老师和同学们一起来走进××。	通过改编歌曲及话题人物，激发学生兴趣，引入课题。

续表

教学环节	教学活动设计	设计意图
课题导入	**点评**：有人说，良好的开端是成功的一半。袁老师通过播放周××《一千个伤心的理由》，并让学生猜测："这首歌曲是谁唱的？是原唱吗？"一下子就紧紧吸引了学生的注意力。通过设置"这么一个40多岁的男人，为何吸引着不同年龄阶段的人喜欢他呢？对于周××，我们了解多少呢？"这些问题，引导学生思考，从而走近周××，自然又巧妙地导入新课。	通过改编歌曲及话题人物讨论，激发学生兴趣，引入课题。
走进××	学生活动：说说你了解的周×× 学生畅所欲言所了解的周××各方面信息，教师做一定的补充。 …… **点评**："说说你了解的周××"，充分发挥了学生的主观能动性，把课堂还给学生，体现了以学生为本的教学理念。	通过采访学生了解的周××，激发学生的兴趣，教师可了解学生喜爱周××的程度，为下一环节做铺垫。
评析××	1. 探究 以小组的形式，同学们共同探讨周××成功的历程（付出的劳动）和原因是什么？ 生：小组合作共同探究、交流。 小结：周××的优点：勤奋努力、诙谐幽默、个性张扬、热心公益…… 讨论：同学们，从中我们可看出周××正是因为这样而成功了，那他的成功说明了什么？对你有什么启示？ 生：思考并回答。 小结：任何人真正的成功都不是一蹴而就的，都要付出艰辛的努力，经历失败和打击。正如常言道：台上一分钟，台下十年功。学习周××包括其他的明星偶像的优点，使其成为我们成长的动力。 2. 理性辨析 过渡：××成功了，火了，出名了，他的事业不断达到高峰，他的粉丝呈井喷式增长。你知道他的新浪微博粉丝达到多少了吗？ 生：略 师：1800多万。可见他的人气火爆。不仅如此，粉丝还在百度贴吧取名"周××贴"，并发帖表示支持。（展示PPT）	学生通过阅读资料，更加深入地了解周××的明星奋斗历程，引导学生明白明星的成功不是一蹴而就的，要更多看到明星成功的背后，把明星奋斗的精神作为成长的动力。 通过教师展示发生在周××身上的事件，通过粉丝态度的对比，引起学生的思考。即面对明星的优缺点时，我们应该如何理性地看待，培养学生客观分析问题的能力，理智对待偶像。

教学环节	教学活动设计	设计意图
评析××	展示一：喜爱周××粉丝的话语 展示二："微博门事件"及粉丝的态度 讨论：请评价这两类情况。 小结：两个事例中反映出以下问题： A：认为是完人，没有缺点，甚至神化。B：只愿看到优点，看不到或不愿意看其缺点。C：明星显露缺点时，难以接受。 过渡：那你觉得我们应该怎样看待一个明星？ 看到优点，不能神化；看到缺点，但不能全盘否定，要全面、理性、客观地评价。 **点评**：雷斯尼克认为：合作探究学习是一种提出问题、计划探究活动、得出结论并评判结论的学习过程。袁老师让学生在分析、比较、思考、讨论、释疑中达到"问题由学生提出，过程让学生参与，疑难由学生解决"的目的，从而培养学生发现问题、分析问题、解决问题的能力，学生的理解能力得到提高，情感、态度、价值观也进一步得以升华，学科核心素养得以提升。但需要注意的是，在组织学生合作探究过程中，要贯彻多元评价原则。既要评价讨论探究的结果，也要评价学生的参与积极性、表达能力、组织能力等，引导学生学会尊重，学会欣赏，让每个同学都能得到被认可的愉悦，产生对集体的归属感，这本身也是德育的重要内容。	通过学生阅读资料，更加深入地了解周××的明星奋斗历程，引导学生明白明星的成功不是一蹴而就的，要更多看到明星成功的背后，把明星奋斗的精神作为成长的动力。 通过教师展示发生在周××身上的事件，通过粉丝态度的对比，引起学生的思考。即面对明星的优缺点时，我们应该如何理性地看待，培养学生客观分析问题的能力，理智对待偶像。
超越××	1. 播放视频《盲人吴×》（2分钟） 学生思考：吴×的偶像是××，你从吴×的经历中有什么感悟？ 2. 猜一猜：周××的偶像是谁？ 宋××。（展示相关网页，分享××是如何以宋××为榜样突破自我、超越自我的） 3. 自我反思：你将如何不迷失自我、确立自我、超越自我？ **点评**：通过吴×、周××认识自我、超越崇拜的事迹，引导学生反思自我，认识自我，超越崇拜。使教学目标得以达成与升华，体现了思想品德课的价值追求。	1. 选取盲人吴×的事迹引导学生认识自我，超越崇拜。 2. 通过周××的偶像是宋××，吴×的偶像是周××，他们都给大众展示了没有盲目崇拜，而是把偶像的奋斗精神作为自己成长的动力，不断超越自我，突破自我。 3. 通过自我反思活动，使学生深入剖析自己，认识自己，肯定自己，进而寻找方法超越自我。

续表

教学环节	教学活动设计	设计意图
课堂总结	播放《中国好声音》所有学员演唱的MV《我相信》。 教师寄语，课堂总结。 **点评**：通过播放《中国好声音》所有学员演唱MV《我相信》，进一步产生相应的情感体验，引起学生心灵的共鸣，达到认识与情感相统一，收到良好的教学效果。	通过歌曲达到高潮，激励学生不断上进，同时升华情感。

【专家点评】

总体来说，袁老师的教学设计科学合理，符合课标要求和新的课改理念，指向学生核心素养，尊重学生主体地位，注重学生思维启迪，关照学生品格塑造，是一篇值得学习与借鉴优秀教学设计。其主要特点如下：

第一，关注学生核心素养培养。

核心素养是当下我国基础教育课程改革乃至整个基础教育改革的一个热词。核心素养可以引导我们实现教学目的转移，从教知识转向学生素养的培养，从追求分数、片面追求升学率转向学生的品格、能力培养，确立课程育人、教学育人的核心理念。在本课例中，袁老师特别关注学生的核心素养的培养：通过展示发生在周××身上的事件，通过粉丝态度的对比，引起学生的思考，理性地看待明星优缺点，培养学生全面客观分析问题的能力；通过自我反思，让学生深入剖析自己、认识自己、肯定自己，进而寻找方法超越自我，注意培养学生良好品格。通过学生阅读资料，深入了解周××的明星奋斗历程，引导学生明白明星的成功不是一蹴而就的，要更多地看到明星成功背后的付出，把明星奋斗的精神作为成长的动力，关注学生情感、态度价值观，体现了育人的核心理念。

第二，凸显"用教材教"理念。

"用教材教"和"教教材"是两种不同的教材观。"教教材"是指把教材当圣经，恪守教材不敢越雷池半步。而"用教材教"体现了以《课程标准》为依据，把教材作为重要教学资源而不是唯一资源的的教学思路。在这里，教材的价值在于能作用于学生充分发展，在于能有效地激活学生积极主动地学习，在于能完成《课程标准》规定的目标要求。袁老师以基础知识为支撑，以当时社会上广泛关注的明星"周××"为背景材料，采取热点人物且一例到底的教学模式，设置"认识××""评析××""超越××"三个主要环节，从不同层面创设情境、探究材料，组织教学活动。将案例用足用透，可以说是精心准备，环环紧扣，层层递进，给人"一气呵成"之感，教学设计有助于完成的教学目标，贴近现实、贴近生活、贴近学生，显示了袁老师高超的对教材的处理与把控能力，体现了以《课程标准》为依据的新教学理念。

第三，构建以生为本课堂。

育人是教育的本质与核心，课堂教学必须以人为本。理想的课堂应把时间还给学生、把空间还给学生、把权利还给学生。激发激活学生思维，让学生学会倾听、学会质疑、学会评价。在本课堂教学设计中，袁老师通过"学生猜测""说说你了解的周××""小组合作共同探究、交流""如何看待一个明星？""自我反思"等真正把学生放在课堂的"正中央"，让学生自己去思考、去分析、去判断；让学生自己去感悟、去交流、去认识；让学生去比较选择。学生成为课堂的真正主人，课堂教学真正服务于学生成长，教师成为学生学习和人生道路上的指导者、引路人、守护者，体现了以生为本的教学理念。

当然，本课例也有值得商洽之处：

第一，教学目标的设计需要教师有《课程标准》意识。

《义务教育思想品德课程标准（2011年版）》是教学设计的依据，也是现阶段所有教学行为要达到的终极目标。从课程理念来说要求"逐步形成正确的世界观、人生观、价值观和基本的善恶、是非观念，过积极健康的生活"；从情感、态度价值观的总目标来说谈到"学会面对复杂的社会生活和多样的价值观念，以正确的价值观为标准，作出正确的道德判断和选择。"，从内容标准来看有"了解自我评价的重要性，能够客观地认识自我，积极接纳自我，形成客观、完整的自我概念"，"能够分辨是非善恶，学会在比较复杂的社会生活中做出正确选择""客观分析挫折和逆境，寻找有效的应对方法，养成勇于克服困难和开拓进取的优良品质"。

第二，重视教学的预设，也要重视教学的生成。

我们面对的是充满活力的学生，教学也不可能是完全教师的设计，在师生之间合作、对话、碰撞中发生的超越教师设计的新问题、新情况应是存在的。如何应对，这显示出生成的智慧，这同样需要教师提前预设。苏霍姆林斯基说："教育的技巧并不在于能预见课的所有细节，而在于把握当时的具体情况，巧妙地在学生不知不觉中做出相应的变动。"这其实是告诉我们，教学设计不能预见到课堂教学的所有细节，但也不是不预见任何细节，例如，在组织学生合作探究过程中，学生可能出现哪些问题？如何解决？等等。本篇教学设计对学生探究学习活动上具体预设应体现，这样更能开展教学，促成教学生成。

【专家简介】

王爱忠，现供职于山东省曹县大集镇中学，正高级教师，山东省特级教师。

参加工作以来，已在《人民日报》《中国教育报》《思想政治课教学》《中学政治教学参考》（初中版）、《中小学德育》《教学月刊》（政治教学）、《素质教育大参考》《教师博览》《山东教育》等报纸与期刊上发表各类文章 200 余篇，近 100 万字。曾两次荣获山东省菏泽市社会科学优秀成果奖，发表的文学作品主要有《走近真实的路遥》等。

《一国两制》教学设计

【设计背景】

2014年年初，某地教师培训中心邀请双流廖洪森名师工作室参加"送教下乡"活动。笔者作为送教教师，通过了解得知，当地部分教师普遍存在观念滞后、教学方式单一，以教师为主体、学生处于边缘地位的教学状况。另外，当地学生基础薄弱、视野狭窄，以被动式接受为学习方式，对于这门课的理解与体验较少，可以说主要是以背、考为学习方式和评价方式。教师和学生在这样的传统教学模式下，存在教育理念、学科性质偏离状态，一定程度上阻碍了新课改的有效实施。面对此种情况，笔者打算以全新上课方式呈现，或许学生有些不适宜，但需要大胆尝试，以期能对学生和老师有所启发。

【教学理念】

教学观念指引教学行为，传统的教学观念已不适应现代教学。初中思想品德课是以初中学生生活为基础的一门综合性的必修课程，在教学中应大胆尝试和改变教学方式，设计探究活动，让学生在活动中感悟，积极培养学生的创新思维能力和实践分析能力。在教学设计过程中，应大胆重组教材，有所取舍，跳出书本，让课程成为书本与现实生活的桥梁，不断运用鲜活的事例进行课堂教学，引导学生自主、合作探究，提升学生综合素质。

本节课采取"一例到底"教学法，以一首诗歌《百年期盼》为主线，将诗歌内容分段，通过"但悲不见九州同：国家统一问题的由来""位卑未敢忘忧国：统一构想""紫荆花放满园春：'一国两制'的成功实践"三个教学主题进行课堂教学。

【教学目标】

1. 情感态度价值观目标

通过学习本课，使学生认识"一国两制"是具有独创性的伟大构想，让学生明确实现祖国完全统一，是海内外中华儿女的共同心愿，增强学生对和平统一中国的信念。

2. 能力目标

通过让学生了解香港、澳门回归的过程及顺利回归的原因，引导学生初步认识港澳回归是我国综合国力增强、国际地位提高的结果，培养学生分析评价历史问题的思维能力。

3. 知识目标

了解"一国两制"形成的过程，理解"一国两制"的内涵、基本内容及其关系。

【教学重难点】

"一国两制"的内容及其关系、意义。

【教学方法】

基于送教学生学习情况和学校情况，本课采用自主学习、情境创设、小组探究、辩论等方法进行教学。

【教学过程】

1. 自主预习

学生课前预习，了解"一国两制"构想的过程，对本课有一个初步的了解。

2. 课堂导入

播放歌曲《七子之歌·澳门》，从而引入课题。

环节一：但悲不见九州同：国家统一问题的由来

阅读诗歌，追朔历史（PPT 展示）。

百年期盼
——一个共和国警官的述说
罗瑜权（四川）

一百年 一个多么漫长的时代 中华民族 饱受世纪沧桑的磨砺 一个主权国 历经丧权辱国的痛楚	一百年 华夏儿女在期盼 祖辈在期盼中 多少次讲述三元里人民 同仇敌忾 反抗英军侵略的故事

学生（第一组）：有感情齐读（配轻音乐）。

小组探究：

"中华民族，饱受世纪沧桑的磨砺；一个主权国，历经丧权辱国的痛楚"。请结合历史知识，简要了解港澳台问题的由来。

港澳问题：

台湾问题：

环节二：位卑未敢忘忧国：统一构想

活动一：角色互换：假如"我"是领导人

"如果你是20世纪80年代的决策者,你会为统一祖国设计怎样的方案？"即对解决国家统一问题提出自己的设想方案。主要是讨论武力解决与和平解决的利与弊。

	利	弊
武力解决		
和平解决		

活动二：回归历史：我是领导人

1.邓小平提出了解决台湾问题的什么政策？请你对这种政策进行解读。

_____（政策）

前提：

实施对象：

根本目的：

交流：从刚才的解读中,你认为邓小平提出"一国两制"的智慧何在？

活动三：朗读诗歌,回顾过程

> 一百年
>
> 十二亿炎黄子孙
>
> 一分一秒地读着
>
> 推算回归的到来
>
> 期盼久别的小舟
>
> 快快驶向港湾
>
> 回到母亲的身边

学生（第二组）：有感情地朗读（配轻音乐）。

播放视频：通过邓小平与撒切尔夫人关于香港回归问题的谈判,感悟中国政府在香港问题上的坚定态度。

整整等了一百年　　　　　　　　　　一个新篇章揭开

一个老人春天的愿望　　　　　　　　我们祝愿

终于实现　　　　　　　　　　　　　祖国的珍珠

我们站起来了　　　　　　　　　　　——香港

龙的传人扬眉吐气　　　　　　　　　更加繁荣昌盛

鲜艳的五星红旗冉冉升起　　　　　　我们希望

　　　　　　　　　　　　　　　　　香港的明天

　　　　　　　　　　　　　　　　　更加辉煌

环节三：紫荆花放满园春："一国两制"的成功实践

学生（第三组）：有感情朗读（配轻音乐）。

课堂探究与交流：

（1）欣赏香港回归的视频，交流香港顺利回归的有利因素是什么？

（2）"一国两制"在香港首先成功实行，你认为对中国政府对澳门恢复行使主权有何意义？或对澳门回归祖国有何意义？

（3）香港、澳门的回归有何意义（"一国两制"的意义）？

【拓展迁移】

香港、澳门顺利回归祖国，从中我们可以得到什么启示？

【板书设计】

【教师寄语】

看到祖国一天比一天强大，一天比一天繁荣昌盛，作为中华儿女感到无比骄傲。"一国两制"是中国政府为实现国家和平统一而提出的基本国策。它顺应了时代潮流，对人民、国家乃至世界和平稳定都有着重要的影响。我们相信祖国统一大业终会实现。

【自检互评】

1. 对"一国两制"的认识正确的是（　　　　）

① 中国是一个统一的国家

②"一个国家，两种制度"简称"一国两制"。

③ 一国是两制的基础和前提

④ 国家的主体坚持资本主义制度和生活方式不变

A. ①②③　　　　　B. ②③④　　　　　C. ①③④　　　　　D. ①②④

2."两制"的前提是（　　　　）

A. 一国　　　　　B. 一国两制　　　　　C. 和平统一　　　　　D. 港、澳的回归

【专家点评】

作为"送教下乡"活动一员，现场听了袁成老师的讲课，此课的设计非常成功，值得我们欣赏、借鉴之处如下：

第一，重视课程标准的学习。

课程标准是教材编写、教学、评估和考试命题的依据，是国家管理和评价课程的基础。我们开展教学必须认真学习和研读课程标准，本堂课的教学设计理念、教学活动的选择等都凸显了课程标准的要求。

第二，设计的理念全面体现新课改要求，全力打造民主、和谐的生活化教学课堂。

在设计理念上，袁老师始终遵循新课改"自主、合作、探究"的原则，构建民主、平等的新型师生关系，打造民主、和谐的生活化课堂，为学生展现自我提供平台，增强了学生的主人翁意识，活跃了课堂气氛。这体现在教学过程的每一环节上都通过活动让学生自主参与、自主思考探究，遵循由感性到理性，由浅显到深奥，由认识到实践的认识规律，易于被学生接受、践行，从而提高了课堂教学实效。

第三，三维目标的设计形式科学规范，内容全面清晰，教学重难点确定准确、到位。

首先，袁老师能按照课程标准的要求，将三维目标设计为情感、态度与价值观目标，能力目标，知识目标，且各维目标的内容表述清晰全面，符合学生的认知水平和生活实际，凸显了"品德即生活"的学科特点。其次，教学重难点的确定也很准确到位，这样，有利于做到学有方向，学有选择，学会"抓大放小"，释疑解难。

第四，创造性地利用教材优化教学过程。

袁教师尊重教材，理解教材，落实教材的内容，对教材内容进行创新、拓展，采取"一例到底"教学法，以一首诗歌《百年期盼》为主线，将诗歌内容分三个教学主题进行课堂教学，将教学知识问题化，问题情境化，帮助学生理解知识，扩大学生的信息量，使学生的知识得到丰富与更新，优化教学过程。这样的设计非常好，提供的案例具有连续性，既保持学生思维的连续性，也能节省课堂学习时间，提高学习效率。

第五，教学环节的设计齐全，且各环节过渡自然，环环相扣，给人"形云流水"之感。

袁老师在讲解"一国两制"的内容时，设计了思路清晰、联系紧凑的三个教学板块，即"但悲不见九州同：国家统一问题的由来"；"位卑未敢忘忧国：统一构想"；"紫荆花放满园春：'一国两制'的成功实践"三个教学环节。在每一环节的过渡上，表述都非常自然，承上启下，顺理成章。另外，在每一环节的设计上，袁老师能充分发挥教师的引导作用，层层设问，步步引导，让学生在思考和体验中得出结论，充分尊重了学生的主体地位，让学生在参与中获得了知识，激发了学生的学习兴趣。

第六，方式灵活，教学活动丰富多彩。

本教学设计以歌曲、诗歌、文字资料、新闻、纪录片、轻音乐、图片等多种方式灵活多样地展示教学内容，通过学生自主学习，专题讨论，教师引导、点拨，师生互动探讨，归纳小结等多种探究活动帮助学生认知、理解教学内容，使学生的情感、态度、价值观得到巩固与提升。同时，注重教会学生解题方法，如让学生课堂探究与交流"香港、澳门的回归有何意义"这个问题，教师引导学生从不同的角度进行分析探讨，使学生的能力特别是思维能力得到提高与发展，培养学生的多元智能。

第七，注重情感渲染，促进情感升华。

课堂的精彩可以体现在方方面面，但最终应达到师生心灵的融合、升华、震撼。如在导入时播放歌曲《七子之歌·澳门》，在三个环节教学过程中配上轻音乐让学生有感情朗读《百年期盼》等方面都注重情感的渲染，特别是教师寄语环节，教师用爱国深情感染学生，从而激发了学生的爱国情感，有利于达成情感、态度与价值观目标。还有，袁老师在课堂教学中始终保持良好的精神风貌，能够充满激情、满怀深情地与学生进行情感交流，拉近了与学生心与心的距离，实现了与学生心与心的交流，收到了很好的"润物细无声"的教育效果。

俗话说："金无足赤，人无完人。"一堂趋于完美没有任何缺憾的思想品德课是不存在的。本节课基于教师娴熟的教学功底，大量使用了教学技巧，如环节的设计、多种教学方法的应用、新颖的收尾活动、独特的板书等都充分展示了袁老师的智慧。但是，由于当地学生的实际情况，袁老师可以降低问题难度，更有利于生成，意外的生成会让课堂更加绚丽！

【专家简介】

唐昌全，任职于四川省隆昌县第一初级中学，四川省中学特级教师，四川省骨干教师优秀学员。多次在省、市作专题讲座、辅导报告和教材分析，多次承担省、市级公开课、示范课；多次受到乐山师范学院的邀请，为第一、二批参培的省级初中政治骨干教师及政法学院学生现场授课并作专题讲座；多次受到成都师范学院邀请，参加到广安、温江和青川等地的送课活动。2009年至今，共有五篇独著论文发表在全国教育核心期刊、教育部主管的刊物《思想政治课教学》和《中学政治教学参考》上，其中《"文明礼貌显魅力"课堂实录》获国家级一等奖。2016年3月课例《规则与秩序》被评为教育部2014—2015年"一师一优课、一课一名师"活动部级"优课"。

《法制：市场经济的护卫者》复习课 教学设计

【教学理念】

基于学科核心素养和社会主义核心价值观的教学选择，以学生发展为本的新课程理念为指导，以教什么和怎样教为教学行为，以适应学生发展为追求，注重学生个性和创造思维能力的培养，以培养学生到的能力和法制意识、形成富有理性思维的价值观念和践行核心素养、社会主义核心价值观为课程落脚点。

教师采取了"一例到底"教学复习法，聚焦网约车为背景，以网约车的兴起、发展（问题与对策研究）和发展路向为突破口，让学生在课堂中都能动起来，在合作探究中内化并运用。本课教学主要有五个板块：课题导入—争议中的网约车—合法化的网约车—发展中的网约车—寄语网约车，构建简约而不简单的高效课堂，化繁为简，体现学科特色，培养学生理性精神。

【教材分析】

本课教学内容出自教育科学出版社初中《思想品德》第十三课《法制：市场经济的护卫者》，这一课共有两个课时，包括《市场经济是公平经济》和《市场经济是法制经济》。《市场经济是公平经济》这部分主要是帮助学生树立市场经济中的公平意识，引导学生自觉遵守市场规则，争做文明的消费者；《市场经济是法制经济》这部分主要让学生知道建立和完善社会主义市场经济需要法律的保障，以及理解市场经济要健康发展必须规范化和法制化，明白法制建设是社会主义市场经济健康发展的重要保障。

【学情分析】

初二学生在生理和心理发育还不成熟，其年龄小，经验和阅历不足，感性大于理性，缺乏一定的辨别意识，容易被社会表面现象误导。学生处于"三观"形成时期，由于开始主动地关注社会现象而会与学校、家庭等教育进行对比，缺少一定的理性精神。

授课的班级学生比较关注社会现象，具有一定的分析问题能力和表达能力，较容易接受社会新鲜事物，但大部分只停留在感性层面，法制意识缺乏。处在青春期的中学生对社会现象开始关注，但又往往被表面现象所迷惑，与学校的教育相比，社会上的一些不公平、不公正的事情常常刺激着他们纯洁的心灵。尤其是本单元的内容与学生生活息息相关，更应注意对他们的引导，帮助他们树立正确的世界观、人生观和价值观。

【教学目标】

情感态度价值观目标：

树立市场经济中的公平意识和法律意识，自觉遵守市场规则，维护法律尊严，遵守和维护市场秩序。领悟法制建设是社会主义市场经济健康发展的重要保障，培养学生自觉增强与市场经济相适应的法治观念，提高自身的法制修养，树立法治精神。

能力目标：

提高辨别市场上公平与不公平、正当与不正当竞争现象的能力。学会依法维护自己的合法权益，做文明的消费者。

知识目标：

了解市场经济中公平、公正的意义及违背这一原则造成的严重后果。了解市场经济活动中应遵守的经济法律法规；了解经济活动中的违法行为及应受到的处罚；了解消费者的合法权益。

确立依据：

《初中思想品德课程标准（2011年版）》明确指出，知道法律保护消费者的合法权益，学会运用法律维护自己作为消费者的权益。体验行为和后果的联系，知道每个行为都会产生一定的后果，人应该对自己的行为负责。

【教学重难点】

教学重点：

（1）理解市场经济既是公平经济，又是法制经济的特点。

（2）学会依法维护自己的合法权益。

教学难点：市场经济需要法律保障的重要性。

【教学课型】

复习课。

【教学准备】

学生：提前布置，要求学生对本课进行再次熟悉，了解其教材内容。

教师：

（1）重组教材，提取教材核心内容。

（2）搜集有关网约车素材，对网约车整个合法化过程进行梳理，设置相关探究问题，制作课件。

（3）制作与探究问题相配套的导学案。

【教学策略】

学法：自主学习、小组合作学习、探究学习。

教法：创设情景法、问题驱动法、一例到底教学、启发式教学。

【教学过程】

教学流程	学生活动	教师活动	设计意图
课题导入	1. 播放一段有关滴滴快车的宣传片导入 2. 交流端午佳节外出你最想选择哪些交通方式及理由	教师创设情境，现场采访学生会选择哪些交通方式，进而巧妙引入网约车话题	通过热点话题导入新课，激发学生学习热情和学习兴趣，激励学生进入以"网约车"为主线的教学情境
争议中的网约车	1. 议一议：议网约车在我国快速发展的原因 2. 看一看：用交通局相关规定、出租车维权图片说明网约车的不合法性和存在的不公平现象 3. 说一说：结合相关知识，说明出租车司机抵制网约车的原因，学生之间共同分析比较突出的共同原因，理性分析出"市场经济应是公平经济"	1. 以小组为单位，组长组织小组成员探究，鼓励学生结合生活实际创造性地思维，教师给予点拨 2. 组织学生观看交通局相关规定、出租车维权图片以及相关新闻，引导学生探究其原因，并对学生的分析进行生生互评、教师点评 3. 归纳：市场经济的基本原则、破坏公平的影响及公平经济的意义	1. 生生之间、师生之间共同探究、讨论、分享，让学生同辈群体之间互助共同得出理性观点，提升学生分析问题和实践运用能力 2. 通过教师学法指导，教会学生分析问题，引导学生结合相关材料懂得市场经济是公平经济和市场交易基本原则 3. 引导学生树立市场经济中的公平意识和辨别能力
合法化的网约车	1. 理一理：学生在课堂中以小组为单位，就《网络预约出租汽车经营服务管理暂行办法》制定过程层层探究、分析、演示 2. 说一说：学生观看网约车从进入中国市场、定为不合法、商讨暂行办法到承认合法的四幅相关图片，从中得出启示 3. 做一做：共同就网约车合法化问题，通过学生小组讨论、代表发言、上台演示、同学互助、教师点拨等方式，学会实践运用	1. 教师通过展示2015年出台《网络预约出租汽车经营服务管理暂行办法》中向社会公开征集意见的过程到和正式通过《网络预约出租汽车经营服务管理暂行办法》的新闻素材，引导学生认识到国家从法律层面明确了"网约车"的合法性，"网约车"这一新兴出行方式自此进入法治轨道	1. 引导学生探究《网络预约出租汽车经营服务管理暂行办法》出现的前因后果，明白网约车要正常运营必须合法化，培养学生的法制意识 2. 培养学生分析、归纳的逻辑思维能力，让学生通过四幅图片的变化得出启示，引导学生在生活中遵守经济法律法规

教学流程	学生活动	教师活动	设计意图
合法化的网约车	4. 找一找:《网络预约出租汽车经营服务管理暂行办法》中有关保护消费者权益的条例,分析保护了哪些合法权利,学生分析、交流	2. 教师通过四幅图展示网约车从不合法到合法的整个过程,引导学生从内心认识到市场经济是法制经济,要保证正常的市场秩序,必须要有与市场经济相适应的法律 3. 教师以成都市中考常用出题方式,结合《网络预约出租汽车经营服务管理暂行办法》相关条例进行命题,再次强化解题方法,让学生综合运用分析 4. 展示《网络预约出租汽车经营服务管理暂行办法》有关消费者合法权益的条例,指导学生分析如何体现	3. 通过模拟成都市中考试题题型,再次运用解题方法,有效强化学生动手、动脑的能力。同时,这样结合情境且以成都市中考为蓝本命题,不仅有效地突破了重难点,且符合学生认知规律,也加深了学生对本课知识的印象 4. 教师选取相关条例,让学生结合所学知识分析体现了消费者哪些合法权利,提高学生熟悉、运用的能力,举一反三
发展中的网约车	1. 议一议:学生结合网约车不断发展的现实情况,讨论如何解决出租车目前的状况 2. 看一看:学生观看网约车平台与出租车合作的新闻以及合作后的用户规模人数和上升比例,从中获得启发	1. 组织学生讨论,师生共同提出合法化建议 2. 通过相关新闻、数据对比,让学生从中感悟合作之美	1. 落实学科核心素养,培养学生关心社会的责任感,为解决相关问题献言献策 2. 总结本课,首尾呼应
寄语网约车	学生在轻音乐下感受教师对网约车的寄语和人们对新生事物的理性寄语	教师通过寄语的形式串联板书,画出一幅“雨伞”,并引领学生	通过轻音乐、教师寄语和新颖的“雨伞”板书,直击学生心灵,引导学生积极践行和落实社会主义核心价值观

附1：【板书设计】

附2：【课后练习】

结合《办法》相关条例，运用所学知识，分析网约车司机应如何遵守《办法》的规定提高运营质量。

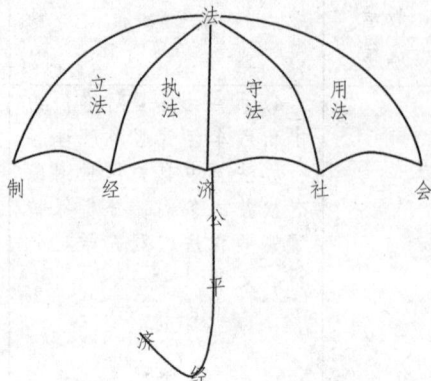

【专家点评1】

理念是行动的先导，有什么样的教学理念就会有什么样的课堂高度和品质境界。本节教学理念先进，基于学情，贴近生活，回归现实，突出核心素养，培养法治思维，弘扬法治精神，做到了学科逻辑与生活逻辑的完美统一，道德教育与法治教育的统一，法律知识与法治信仰的统一。教学内容丰实，教学设计勇于创新，主题板块清晰，既有以"网约车"为主题的明线，又有以"法治"为底色的暗线，明线与暗线相互互融，在说理中讲"法"，在对话中育"法"，让法治成为学生行为选择的一种自觉。教学思路清晰，内容层层递进，突出问题意识，注重合作探究，让学生在了解、关注、观察、对话与争辩中形成共识，收到了"无心插柳柳成荫"的教学效果。思想品德课的魅力不在于教师输出多少知识和信息，而在于教学互动中学生的独立思维、批判意识和创新精神是否被点燃和激活。袁老师这节课站位高、视野宽、理念新，有自己的教学主张，敢于突破陈规，课堂亮点纷呈，精彩迭起，实现了师生的共同成长，在"润物细无声中"探寻着立德树人的新路径和新策略。

有思想，课堂才有品味，有情怀，课堂才有温度，有智慧，课堂才有魅力。袁老师是一位有思想、有情怀、有魅力的老师，用自己的学识魅力和人格魅力打造着高品质的思想品德课堂。

【专家简介1】

范君召，河南省郑州市金水区教育发展研究中心思想品德教研员，《中学政治教学参考》封面人物。曾荣获全国思想品德优质课一等奖，担任全国思想品德课堂教学与观摩展示点评专家、人教版教材培训团专家、河南省思想政治学科中心组成员，获得河南省基础教育教学优秀教研员、郑州市中小学师德先进个人、郑州市思想道德建设先进个人、郑州市教科研先进个人、郑州市中小学德育先进个人等称号。参与编写多部教学用书及相关专著，如《中小学生综合素质评价手册》《思想品德新课程教学设计精选》《高中思想政治新课程教学设计（必修）》等。在《中学政治教学参考》《思想政治课教学》

等杂志发表文章 20 余篇。

【专家点评 2】

本课的教学设计能够在充分理解教材内容的基础上，紧紧围绕具体的课程目标，进行教学预设。本课教堂设计以当前共享经济中的网约车为主题，创设了"课题导入—争议中的网约车—合法化的网约车—发展中的网约车—寄语网约车"五个情境，连贯完整，环环相扣，体现教师教学设计的独具匠心。

本课教学设计中正确处理"用教材"和"教教材"的关系，根据问题情境需要和学生认识思维重新整合本课知识结构，实现学科逻辑和生活逻辑的统一，加深了学生对知识的理解。

本课教学设计基于核心素养，给学生设置他们需要通过自主探索去发现问题和提供解决方案的特定情境，探究网约车市场面临的竞争及合法性问题以及机遇和挑战，让学生在探索和表达中，拉近与市场的距离，呈现自己的态度和价值观，并在学习与互动中感受市场是公平经济、法制经济，培养了分析能力、法制意识、理性思维。

目前，有地方政府出台网约车实施细则，给网约车平台公司、车辆和驾驶员设置了高标准，制约了网约车的发展，违反了法律的有关规定，不符合共享经济的基本特征和发展规律。"发展中的网约车"不仅有合作，也有很多烦恼。教学设计中可以适当拓展，引导学生思考市场经济中的立法合法化问题。

【专家简介 2】

左晓华，成都棠湖外国语学校教师。成都市思想品德中心组成员、双流区思想品德学科带头人、双流区优秀教师、双流区思想品德中心组成员。曾参加全国中小学信息技术与课程整合优质课大赛获全国一等奖、全国教科版思想品德优质课比赛获全国一等奖、四川省初中思想品德优质课展评获一等奖、成都市"十万教师大比武——课堂教学比武"获一等奖。有数篇论文在国家、省、市获奖。曾数次参与四川省三州地区及成都市中考命题工作。从2003 年开始，先后参加过《文科爱好者》《思想品德》（学生用书）《思想品德》（教师用书）《金点中考》《时事政治报》《新中考》《心向共产党 共筑中国梦》以及四川省地方教材《家庭·社会·法治》（学生用书）《家庭·社会·法治》（教师用书）的编写与修订。多年来，数次受邀在四川省义务教育《思想品德》教材培训、"成都市政治骨干教师"培训、四川省三州地区教师培训、广安市思想品德教师培训、双流区教研活动中做学术报告。

《品质：市场的通行证》复习课教学设计

【教学理念】

复习课是教学中重要课型之一，是普遍教师最难上好的课型。复习课应紧扣教材，贴近学生生活，选取热点话题创设教学情境，师生共同分析与探究，激发学生学习热情，让复习课也能成为学生喜爱的课。本课涉及到社会主义核心价值观内容，教师在教学设计和课堂教学中，要培育学生的社会主义核心价值观，进一步落实政治学科核心素养。在结合两课时内容中，教师可以进一步"融合"内容，采取一例到底复习，选取比较典型的生活事例深层次挖掘内容，让学生学会实践运用和举一反三。

本课教学主要有五个板块：课题导入—"Just do it！"—"Just do it？"—"Just do it……"——教师寄语，以某品牌宣传口号为出发点，通过"！""？""……"三个符号与学生共同探究与生成，培养学生思辨、批判精神。

【教材分析】

本课教学内容出自教育科学出版社《思想品德》八年级下册第五单元第十四课《品质：市场的通行证》。该课共有两个课时，包括"品质赢得市场"和"诚信支撑经济"。"品质赢得市场"是本课的第一课时，共有三个层次，即主要让学生懂得品质是市场竞争的核心、品质支撑品牌和品质拓展市场。"诚信支撑经济"是本课的第二课时，在第十二课《法制：市场经济的护卫者》中学生对市场经济是公平经济也是法制经济有了深入认识和理解，本课时内容是对第十二课内容的承接，具有重要的教材地位和现实意义。

【学情分析】

由于初中学生感性意识大于理性意识，在对问题的理解还不够全面。特别是学生在复习阶段，由于缺乏较为系统的复习方法，更多是以背为主，缺乏对知识本身的认识，情感态度价值观的培养也就边缘化。比如，学生对产品品质在市场竞争中突出的三个重要性还缺乏深刻认识，没有真正理解其内涵。再如，学生对"诚信与利益"之间关系的理解还停留在感性，甚至认为社会中很多企业并非教材所说而倒闭，因此产生质疑，也存在一定的偏颇观念。故此，学生在实际生活中仍不能很好地运用所学解决问题，采取的方式也不太合理，缺乏维护自身合法权益的意识。

【教学目标】

情感态度价值观目标：

培养学生树立重品质和重诚信的意识，在生活中自觉培养和践行注重品质的品德和做诚实守信的人，并树立法制意识。

能力目标：

面对生活中伪劣产品和不诚信的行为，具有明辨是非的能力，学会选择和学会保护，运用合法的途径解决问题。

知识目标：

知道品质和诚信对企业的重要性，懂得对人守信、对事负责是诚实的基本要求。

【教学重难点】

品质是市场竞争的核心，理解诚信的重要意义。

【教学方法】

情景教学法、问题探究法、演示讲解法、反馈教学法、一例到底教学法。

【教学过程】

教学流程	学生活动	教师活动	设计意图
课题导入	1. 认识某品牌标志，了解某品牌口号 2. 初步谈谈某品牌标志内涵	教师通过图片（或衣服、鞋子）创设教学情境，与学生通过某品牌标志共同分析其内涵，进而引入聚焦某品牌话题	通过学生生活中常见的标志将学生带入情境，开门见山，激发学习热情
Just do it!	1. 看图片和文字素材，了解某品牌创业史和产品制作过程 2. 说一说：分析某品牌为何成为世界品牌 3. 合作探究：根据某品牌发展的相关资料，结合《品质赢得市场》知识，分析品质对企业的重要性	1. 教师用搜集的有关某品牌创立与发展的相关图片、文字资料，引导学生关注社会问题 2. 采取交流方式，组织学生分析创立品牌的重要原因是品质 3. 教师引导学生归纳总结品质的重要意义	1. 通过观看某品牌的创业史和产品制作的图片和材料，让学生直观了解某品牌的企业文化 2. 通过学生交流某品牌成为世界品牌的原因，将抽象的理论情境化，提高学生分析问题的能力 3. 从材料出发，紧扣教材，引导学生参与和深入思考，从感性上升到理性，从情境中获取知识，从而有效运用相关知识分析问题，提高分析与实践能力

教学流程	学生活动	教师活动	设计意图
Just do it?	1. 观看央视 2017 年 3·15 晚会曝光"××气垫鞋没有气垫"的视频，学生谈感受 2. 观看××公司对"鞋子无气垫"的官方回应，并评价××公司的官方回应和探究××的这种行为对公司和中国消费者的影响 3. 学生角色互换，如果自己是消费者，你是否接受××公司退货退款的解决方案？为什么？	1. 教师播放相关视频，现场采访学生的心情和看法 2. 教师通过播放官方回应视频，组织学生探究讨论其影响，引导学生从"××气垫门"事件中去发现和感悟品质和诚信的重要性 3. 教师创设情境，通过角色互换的教学方法让学生置身于其中发表自己的观点和理由，开展生生之间、师生之间对话	1. 教师选取央视 3·15 晚会曝光视频，具有很强的权威性，让学生了解热点新闻，关注生活，初步了解学生内心情绪和态度 2. 播放晚会后××官方回应，第二次采访学生对其回复的态度，并借此进一步组织学生探究其做法的影响，启发学生结合生活实际深入思考，进而明白做错事情若不及时纠正和找到解决方案会带来严重影响和后果，培养学生负责任的精神 3. 通过角色互换体验法，让学生结合生活实际谈面对××公司退货退款的解决方案自己是否接受及理由，是教师智慧教学的体现，教师在学生交流中了解学生的内心想法和价值观，让学生多学习和了解相关法律法规，学会用法律的武器保护自己的合法权益，培养学生的法制意识和诚信意识
Just do it……	1. 学生以小组合作方式，结合《诚信支撑经济》相关知识，为××公司赢得消费者谅解和维护品牌声誉出谋划策 2. 观看视频了解"××无气垫"一事的最终处理方案（声明），学生相互探究此方案的合理性	1. 以"××气垫门"事件及官方回应为背景命制试题，指导学生学习方法，组织学生探究、交流 2. 展示××公司处理方案（声明）图片，引导学生分析面对问题应如何承担责任，感悟××公司前后处理方案及态度	1. 通过"××气垫门"事件，结合成都市中考命题方式，帮助学生在具体情境中运用教材内容，提高读题、审题和解题的能力。同时，在探究中，培养学生关注经济生活、回归生活的意识，增强诚信的责任感和意识，让学生真正有所收获

教学流程	学生活动	教师活动	设计意图
Just do it……	3. 探究方案中的"三个词语",发表自己的观点。同时,了解网友的看法,倾听老师的观点 4. 与老师共同就以上问题归纳××公司应怎样才能继续生存、发展	3. 展示和突出方案中的三个词语,组织学生探讨,了解学生看法。同时,展示网友态度及教师本人观点 4. 教师引领学生为××公司献言献策,由此总结升华本课,勾画出板书	2. 师生之间共同分析××公司的具体做法,从中分析出诚信对企业的重要性,提高学生评析社会现象的能力 3. 教师强调声明中的三个词语,引发学生进一步思考声明中的问题,了解学生对这三个词语的看法,展示网友观点的目的是了解大家对此问题的看法,引导学生认识、辨别不同观点,进一步激发探究欲望和思考兴趣 4. 师生共同探究交流,教师通过层层递进的设问引导学生深层次探究诚信的重要性,促进教学重难点的突破
教师寄语	在轻松的教学氛围下倾听教师对"××气垫门"事件的寄语	教师通过寄语的形式串联板书,画出一幅"雨伞"图,并引领学生学习	通过轻音乐、教师寄语和新颖的"雨伞"板书,联系生活实际拓展提升,直击学生心灵,进一步培养学生情感态度价值观

附1:【板书设计】

品 信
质 诚

附 2：【课后练习】

2016 年 4 月，××公司官方发布某球星在 2008 年北京奥运会夺冠时所穿的一双××篮球鞋复刻版将限量发售。××公司在中文官网上宣称，这款鞋后跟带有××拥有专利的 zoom air 气垫。但这款鞋后跟确实没有气垫。央视 2017 年 3·15 晚会曝光后，在媒体报道和监管部门督促下，××公司全额退款并赔偿了消费者三倍产品价格的款项。

结合材料，运用《市场考察》的有关知识，说明在完善市场经济的过程中必须治理虚假广告的理由与相应的措施。

【专家点评】

本课是一节复习课的教学设计，通过对复习内容和学情的分析，袁成老师将复习目标确立为树立诚信意识和法治意识，懂得对人守信、对事负责是诚实的基本要求，培养学生有明辨是非的能力，学会运用合法的途径解决经济问题争端等，符合初中学生的学情和课程目标要求。

在教学过程的设计中，选取"聚焦××话题"创设教学情境，反映社会热点，贴近学生生活。袁成老师通过××广告语"Just do it"引导教学活动，贯穿整个教学过程，但三个环节用不同的标点符号"！""？""……"表达了不同的教学喻义和复习侧重点。在"Just do it！"环节中，师生交流××成为世界品牌的原因，分析品质对企业的重要性，将抽象的理论情境化，引导学生从感性认识上升到理性认识；在"Just do it？"环节中，通过观看央视 2017 年 3·15 晚会曝光××气垫鞋没有气垫的视频，引导学生从"××气垫门"事件中去发现和感悟品质和诚信的重要性，让学生互换消费者与企业经营者的角色，置身于本事件的情境中，评价××公司退货退款的解决方案的合理性，培养学生理性地分析问题、通过合法的途径解决问题的意识和能力；在"Just do it……"环节中，学生以小组合作探讨的方式为××公司赢得消费者谅解和维护品牌声誉出谋划策，再次深刻理解诚信对企业的重要性，引导学生关注现实经济问题，培养理解和参与经济生活的能力。在板书设计上，巧妙利用××商标图为载体，将复习主要内容融入图标之中，既生动形象，又耐人寻味。整个教学过程设计用××广告语"Just do it"贯穿始终，一脉相承，层层递进，步步深入，构思巧妙，一气呵成。

复习课是初中思想品德的基本课型之一，是提高学生学科素养、发展学生学科能力的重要途径，也是凸显教师专业功底深浅和教学水平高低的关键课型之一。袁成老师创设了让学生积极、主动参与复习全过程的教学情境和活动形式，特别让学生在仿真的情境中归纳、整理学习内容，结合现实经济生活感悟"品质"与"诚信"的重要性，学习运用学科知识解决现实经济问题。本课教学设计体现了知识让学生疏理、规律让学生寻找、错误让学生判断的操作方法，这也是学科素养课程理念下的活动型思想品德复习课的操作要求。通过创设特定的情境，为学生提供"运用知识"知识的话题，为学生搭建"运用知识"的平台，在梳理、归纳和感悟的过程中实现温故而知新。

【专家简介】

郭多华，成都师范学院副教授，中学政治特级教师。曾获全国模范教师、全国优秀中小学德育课教师、全国教育系统巾帼建功标兵等荣誉。

《小平，您好》复习课教学设计

【设计背景】

2017 年是邓小平逝世 20 周年。2 月 19 日当天，各大新闻媒体通过电视、广播、报纸、微信公众号等多种媒介以专题形式纪念邓小平。同时，很多国人自发地纪念这位伟人，发表对邓小平的赞叹之评论。

邓小平自 1997 年 2 月 19 日逝世，已 20 年过去。邓小平是名符其实的改革开放总设计师，总是站在改革开放的潮头上，以敏锐的目光注视着中国发展前景，以其深邃的思想精心设计改革开放的蓝图。初三学生正处于复习阶段。笔者心想，邓小平有很多经典的言论，为何不借用这些经典话语做一个专题复习呢？因此，笔者紧扣这个热点话题，打算上一堂基本无预设的复习课，与学生共同回味经典话语，以人物邓小平为复习主线，以教材为蓝本，与学生共同构建思维导图，开启学生的思维之门，培养学生的思维能力。

本课难度系数较高，需要教师对教材、对人物和考点全面了解和把控，有一定的"教学设计"在心中，注重课堂生成，这是一次大胆的尝试。

【课标要求】

知道中国共产党以马克思列宁主义、毛泽东思想、邓小平理论、"三个代表"重要思想、科学发展观、习近平新时代中国特色社会主义思想作为自己的行动指南。知道党在社会主义初级阶段的基本路线，以及我国基本经济制度和政治制度，理解让一切创造社会财富的源泉充分涌流，造福于人民的必要性，体会中国特色社会主义制度的优越性。

【教材分析】

本课内容涉及教育科学出版社《思想品德》初中阶段所有教材，其中在九年级《思想品德》教材第五单元《国策经纬》中，第十四课《小平，您好》聚焦中国基本国情和党的基本路线，了解中国共产党领导全国各族人民实行改革开放给国家、社会带来的巨大变化，体会中国特色社会主义制度的优越性，这个部分是我市思想品德学科毕业考试考查的重中之重。

【学情分析】

学生在初三下期复习阶段，已对新课相关内容学习过，学生具备一定的基础知识，掌握了一定的学习方法，但系统性地构建主题内容能力还不够。

教会学生系统性复习，从热点中找专题、找考点，这是学生需要掌握的分析和应考能力。

【教学目标】

情感态度价值观目标：

通过教学，感受祖国的变化与强大，激发学生爱国、爱党情感，增强学生爱国责任意识，树立为实现社会主义现代化建设目标的信心和决心。

能力目标：

关注不同年级教材之间螺旋式上升的知识内在联系，提高学生整合教材、融合知识的分析、交流和协作能力，特别是归纳能力。

知识目标：

邓小平同志提出的经典名言中涉及的相关知识。

【教学重难点】

基于教材分析和学生学情分析，重难点主要集中在党的基本路线。

【教学方法】

情景教学法、自主探究法、分析归纳法、一例到底教学法。

【教学过程】

【导入】

环节一：看一看

播放视频：《您说，可以！》

学生要求：拿出一张作业本纸，结合视频内容，记录相关重要信息。

师：视频中聚焦了哪位伟人？

学生：邓小平。

师：邓小平是我国改革开放的总设计师，于1997年2月19日逝世，至今已20年。他开创了中国特色社会主义正确道路，看到身边的变化，让我们感受到中国特色社会主义给中国带来的生机与活力。本堂课，老师与同学们共同走进"小平"。

设计意图：教师选取了邓小平逝世20周年当天的一个视频集锦《您说，可以！》开门见山，直击主题，为后面的教学深入和展开奠定基础。通过学生边看边记的学习方式，可以有效地避免只看视频而忽略重要信息的弊端，为有序梳理要点提供依据。

【新课】

环节二：理一理

课堂活动一：请你结合刚才记录的视频主干内容和你所了解的有关邓小平同志的相关内容，试着构建相关知识。

探究方式：小组为单位共同探究。

方式呈现：思维导图式等多种方式呈现。

交流方式：小组派代表上台展示、讲解。

课堂展示环节：

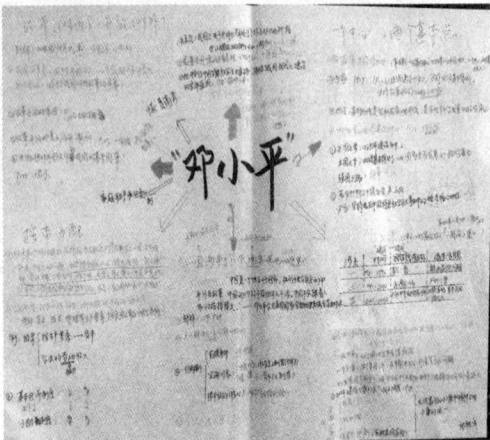

（第一小组）

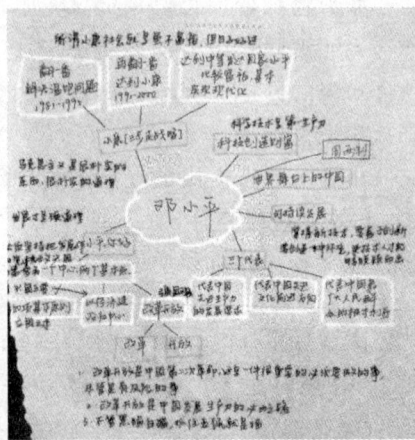

（第二小组）

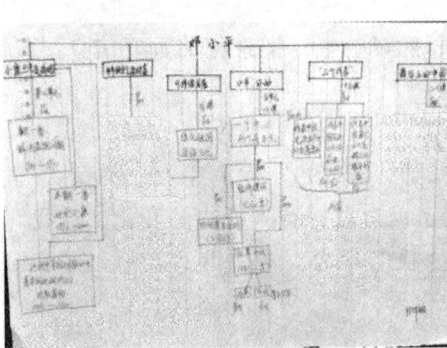

（第三小组）

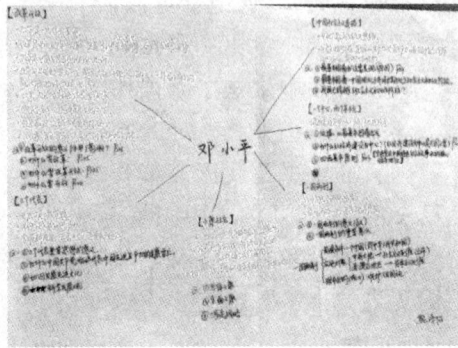

（第四小组）

教师：就每个小组代表上台展示的内容组织其他学生进行点评，补充和完善展示内容，深度挖掘其考点。

设计意图：通过热点话题，组织学生将记录的视频内容和通过教材掌握的相关内容进行整合，教会学生从热点中聚焦，关注时事政治，体现学科性质。同时，建议学生采用"思维导图"构建相关知识，以小组合作方式探究，可以发挥同辈群体学生的力量，带动更多学生积极融入课堂，在互助中解决学习问题，避免单纯的被动式接受。教师大胆放手让学生自主学习与自主探究，为学生搭建交流、展示的平台，提高学生分析问题、辨析问题和解决问题的应用能力。整个过程中，教师是点拨者、引领者，真正充分发挥了学生的主体地位。

课堂活动二：教师现场补充知识构建

从邓小平名言中看知识考点
——

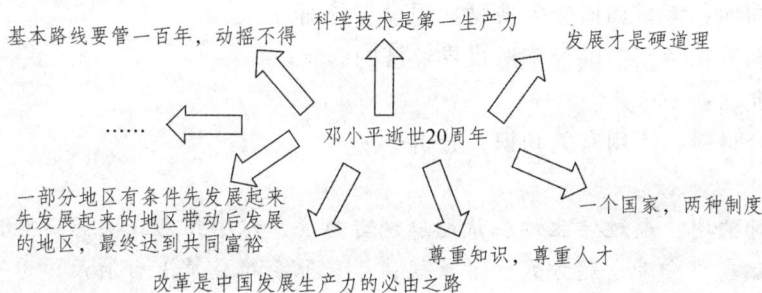

基本路线要管一百年，动摇不得　　　科学技术是第一生产力　　　发展才是硬道理

……　　　邓小平逝世20周年　　　一个国家，两种制度

一部分地区有条件先发展起来
先发展起来的地区带动后发展
的地区，最终达到共同富裕　　　尊重知识，尊重人才

改革是中国发展生产力的必由之路

（教师补充，在黑板上"临时"构建）

学生活动：在教师补充和点拨下，共同翻阅教材相关要点，温习相关内容，并及时记录在小组思维导图上。

设计意图：教师在学生探究交流后，结合学生情况，教师在黑板上构建相关要点，补充和突出重点经典话语，从中引导学生找出相关教材要点。在师生合作与探究下，层层递进，深入浅出复习，引发让学生构建主题核心内容。

环节三：说一说

课堂活动三：教师引领学生以"邓小平逝世20周年"为背景，从热点中找考点，站在试题命制者角度大胆命题。

学生：小组合作，共同互助。

课堂展示：小组选取代表上台展示试题命制背景、为何这样设置、如何解答（分析和解题过程）、如何找教材内容及答题格式等。

第一小组：运用《小平，您好》的有关知识，谈谈党领导人民坚持深化改革的原因。

第二小组：从党的基本路线角度分析，改革开放对我国发展的重要意义。

第三小组：运用《国策经纬》相关知识，分析说明我国社会所处的历史阶段还未改变的原因。

第四小组：结合《共同的愿望》相关知识，谈谈"一国两制"的重要意义。

课堂活动四：拓展延伸

教师结合学生交流情况，引导学生可以站在多个角度分析，提出自己的一些思考。

方向一：考察如何激发非公有制经济活力和创造力。

方向二：考察基本经济制度和分配制度。

方向三：考察如何全面建成小康社会。

方向四：考察如何让创造财富源泉充分涌流。

方向五：考察中国经济对世界经济的影响。

方向六：……

结合材料，运用有关知识，分析……

设计意图：通过学生站在试题命制者角度，以小组形式共同研究，提高学生关注我市中考命题方式和考试规律。采取小组成员上台演示，进一步提高学生捕捉信息、获取知识和解题技巧的能力，促进学生思维发展，让学生真正动起来。在拓展延伸中，教师根据学生未提到的相关重要考点，教师在引导学生过程中点拨学生捕捉其他考点，让学生在点拨中扩大知识面，升华主题，做到教学深入浅出。

环节四：练一练

选取教辅资料中历届相关试题进行现场训练，学生上台讲题，教师点评。

设计意图：通过练习历届中考原题，巩固学生基础知识，形成解题技能和技巧，提高分析和运用问题的能力，引导学生体验探究，从历届中考试题中寻找考试重点和难点，为后期复习打下坚实的基础，让学生学会举一反三、灵活运用。

【专家点评】

没有机会进入袁成老师的课堂，尤为遗憾！但有幸研读袁老师的教学设计，甚为欢喜！他的教材分析、学情分析、目标确立、过程设计清晰深刻，印人脑中，收获颇丰。

第一，把握长效考点，立足课标要求。

中国特色社会主义理论体系、党的基本路线等始终是中考和高考的重要、核心和长效考点。作者抓住了邓小平逝世 20 周年各大媒体的专题纪念的热点问题，做出复习课的大胆尝试。尝试的依据和落脚点来自于课标的要求。知道建设中国特色社会主义的指导思想和党在社会主义初级阶段的基本路线，理解财富创造的必要性，体会中国特色社会主义制度的优越性。做到了热点、考点、课标的高度统一，有的放矢，直接为高效的复习课堂的建立奠定了坚实的基础。

第二，分析全面到位、目标准确清晰。

首先，教师对教材和学情的分析实事求是。《小平，您好》聚焦中国基本国情和党的基本路线，其作为知识点分布在初中各阶段教材中，在九年级的《国策经纬》单元展示较为全面。它是国家发展面临的核心问题，是公民参与政治、经济生活的必要前提和背景，是我市思想品德学科毕业考试考查的重中之重。作者充分认识到初三学生有一定的显性和缄默知识基础，但对于以一定的罗辑线索如"是什么？为什么？怎么做？谁来做？"等系统构建知识体系，构建解决问题的方法策略是朴素的、零散的、浅表的，设计在复习课中师生共同归纳总结、反思提升、熟练运用，以期对学生有实实在在的引领和帮助。

其次，就教学的三维目标而言，基本国情、基本路线等是学生必须知道的知识，而教学的能力目标聚焦整合建构、融合知识，交流协作，特别是归纳能力。感受变化、激发情感、树立信心的情感态度价值观自发积淀。

再次，教学方法多样，评价方式多元。

本节课运用了情景教学法、自主探究法、分析归纳法、一例到底教学法等方法，学生在多种教学方法的交错运用中始终保持学习的新鲜感、热情以及理性的思考能力。师生评价、生生互评，学生真实地投入到制作思维导图、命制试题等具体实践活动中，乐于对话分享，认同体验评价。

最后，注重生成建构，落实提升运用。

本节课四个教学环节"看、理、说、练"脉络清晰。（1）创设情境，看视频做记录，提出本节课的核心任务——走进小平。（2）分两个环节解决问题：一是"理"，制作通过思维导图小组展示、名言考点补充；二是"说"，从热点中找考点，站在命题者角度大胆命题，小组合作，探究交流，解决问题的过程也是不断反思提升的过程，在此过程中学生深度体验，梳理知识体系，感受意义关联、构建方法策略。（3）通过试题训练，学生交流、教师点评，在运用反馈的过程中达成知识体系的熟练运用和方法策略的内化升华。

总之，本节课的设计体现了先进的教学理念，有正确的教师观、学生观、知识观、教材观，对教学目标有明确定位和认识，教学设计思路清晰且可操作性强，容量和节奏等适合初三复习要求。建议增强课堂预设，特别是评价预设，充分发挥评价的检测、激励和导向功能，在实际操作中，以学论教，从对"学"的观察和评价中反促"教"的改进与提升。路漫漫必求索，相信有更多袁老师这样的探索者和创新人，我们的课堂效益必将不断提升！

【专家简介】

李晓燕，中学高级，成都十二中初中部副校长。成都市高中骨干教师、成都市优秀共产党员、成都市优秀教师、成都市十佳最具风采班主任、成都市教学赛课一等奖获得者，多篇论文、教学设计获得国家级、省级、市级、区级奖项。参与"促进学生深度体验的核心问题教学评价实践研究"课题研究，"基于核心问题教学的青年教师课堂教学能力提升实践研究"主研人员。

第三篇

教师专业成长

——拓宽专业成长的空间和舞台

振兴民族的希望在教育，振兴教育的希望在教师。教师的专业成长关系着学生、学校乃至国家的可持续发展。教师的专业成长需要课堂教学实践与教学理论有效结合，在探索中实践，在实践中反思，在反思中成长。教师需要努力提升师德修养、业务能力和心理素养，树立自觉、自主的专业发展意识，成为自身发展的积极构建者。唯有这样，才能适应教育的动态性和拓展性，才能及时更新教育理念、增长专业知识、提升专业素养，才能在纷繁复杂的社会环境中潜心教育教学，实现从"教书匠"到"科研型教师"的转变，最终实现自身专业发展。

新教师需注重"三多"与注意"三少"

师者，所以传道授业解惑也。教师是学生成长道路上最为关键的重要他人，影响着一代又一代的青少年。每一年有老教师光荣退休，不舍地离开工作岗位；每一年也有新教师加入教师行业，正式踏上教育之路。年轻教师刚踏上工作岗位，或多或少是带着对着对教育的热情和梦想走进了学校，然而，年轻教师群体进入学校后，在与同事、与学生、与家长等相处过程中会出现一些问题，可能让他们怀疑自己是不是选错了行业，自己是不是不适合当教师，进而出现职业迷茫、工作懈怠、不思进取的恶性循环结果。为此，笔者结合多年以来研究新教师群体的特点的经验，提出新教师应注重"三多"和注意"三少"，以期对新教师有所启发和帮助。

一、新教师应注重"三多"

一多——多提升师德修养，培育良好的心态。师德是教师的灵魂，也是教师最为重要的职业道德和素质。新教师自成为"准教师"以来，特别是成为"真教师"的过程中，要明白"真教师"是学生成长的指导者和引路人，其师德对学生的世界观、价值观和人生观的培养有着举足轻重的影响。在提升师德修养过程中，首先要树立终身学习的思想，主动、积极地更新教育教学理念，树立"以生为本"的学生教育观，内心深处要真正明了"真教师"的职责，自觉树立立德树人、教书育人的责任感与使命感，使自己因高尚的师德修养赢得学生的爱戴。同时，在面对纷繁复杂的外界环境和客观条件下，新教师应牢固坚定教育理想之路，在各种困难与挫折面前调整心态，以积极态度去对待，这些良好的心态都是教师快速成长的关键所在，更是新教师可持续健康成长的心理基础。

二多——多注重制订短期与长期发展的目标。苏霍姆林斯基曾说过："没有计划，在我看来，就无法想象会有完全合格的教育工作，特别是无法想象教育工作的那些我所谓难以捉摸的组成部分。"新教师入职后，需要分析自身的实际情况和客观条件，利用"SWOT分析法"，理性分析自身内在的优势和劣势、外部环境的机会与威胁。比如一年站稳课堂、两年教学基本功有明显提升、三年成为合格教师的发展思路，为自己成长设计每学期和每学年度的目标，不可过高也不可过低，以激发自己内心的内驱力，让自己更加有自信去继续努力。

三多——多研究教材与教育教学之间的关系。教学质量是学校发展的生命线，也是一定程度上衡量教师教学水平高低的标准之一。新教师最为头疼的就是如何提高教学技能和教学水平，这在很大程度上成为新教师的职业"瓶颈"。笔者结合自身经历和研究新教师群体发现，新教师快速成长有着一定的"秘诀"。首先，收集初（高）中三年教材，对教材通读几遍，在整体上了解教材基本内容和相同内容的交叉点，这有利于把握整个初（高）中教学结构；其次，解读教材和重组教材，明确课时在整个单元、整个教材中的地位，分析其重难点便于在教学设计上有所倾斜和把控；最后，"先听后讲"，即先听老教师的课，自己再反思和调整，然后才上新课，这样可以更好地吸收老教师对重难点、考点、易错点等方面的宝贵经验，也加深了对教材和教育教学之间关系的理解。

二、新教师需注意"三少"

一少——少一些抱怨。现如今，"90后"成为新教师群体的主力军，他们基本上属于独生子女一代，生活在比较宽裕的社会环境和家庭环境中，或多或少都有着"高姿态"的生活心理和愿景。然而，新教师就职后，工作的学校、学生、家长及工作制度等可能与自己的期望有出入，因此倍感失望。于是，开始抱怨学校环境条件差、抱怨学生和家长素质不高、抱怨工作时间长，以这样消极的工作态度和负面情绪教学，势必会影响和感染身边的教师群体，进而影响到对学生的关爱和指导。

二少——少一些攀比。攀比一词，用心理学的角度分析为个体发现自身与参照个体发生偏差时产生负面情绪的心理过程。部分年轻教师存在一定的盲目攀比心理，这种攀比，不仅仅是物质的攀比，也有其他"走捷径"的攀比。例如羡慕其他老师工资待遇比自己高，心中认为干同样的工作但待遇低；羡慕其他教师备课不需要花太多功夫，比谁花的备课时间少；羡慕他人人缘关系比自己好，比谁认识的朋友多等。这些攀比，不利于年轻教师真正静下心来教学，处处盲目攀比，容易形成不健康的心理状态，容易偏失方向。

三少——少一些悠闲。胡适先生认为：你的空闲时间，决定了你的人生高度。可以说，一个人的业余时间如何安排决定了这个人未来的发展。年轻教师成为教师后，只能算是"准教师"，但要想往"真教师""好教师"发展，还必须正视自己与他人的差距，不可让自己过于悠闲。但有的年轻教师想到，我已经成为教师了，我就可以悠闲了。笔者建议年轻教师，要想让自己跑得快，就要走好每一步。在太宽松、舒适的环境中是无法快速成长的，温室中的花朵是经受不住风雨的打击的，只有自己学会"舍"才会有"得"。

窦桂梅曾说："教师成长固然有赖于好的环境，但是更重要取决于自己的心态和作为，谁来给教师创造良好的环境，是教师自己。"年轻教师们，让我们为了明天不那么费劲，今天就努力做一名真教师吧！

课前"三忘"让课堂更精彩

在四川省教科所举办的初中教育教学改革研究共同体活动学术研讨活动中领略了来自省内外初中思想品德优秀教师的课堂教学风采。其中，更重要的是聆听了北京师范大学李晓东副教授的讲座。让笔者记忆深刻的是李教授谈到教师课前需做到"三忘"，让我深思许久。一直以来，很多教师专注于教材内容和知识考点等有关教学方面的研究，而忽视了教育管理中对人的关注。课前三忘是"以生为本"重要理念的体现，是教师心理健康和师德修养的前提，是课堂预设与生成的核心，是建立和谐温暖的师生关系的落脚点。下面，笔者将结合多年教育教学经验谈谈"三忘"的重要意义。

一忘不良情绪，微笑走进教室。苏联心理学家、教育家赞可夫曾说："学生积极的情感，欢乐的情绪能使学生精神振奋，思维活跃，容易使他们形成新的联系而迸发智慧的火花。"每位教师扮演着多重角色，如子女、教师、父母、公民等，角色不同责任不同，那么，面对的压力和烦恼也就具有多重性。据现代心理学的研究证明："愉快、欢乐、适度平稳的情绪能使中枢神经活动处于最佳状态，保证体内各系统的协调一致，充分发挥机体的潜能。"从中可看出，教师良好的课前情绪对上好一堂课的重要性所在。然而，我们一些教师可能面对身体状况、家庭琐事、繁杂事务、工作不顺，特别是学生作业不佳、课堂表现不良和考试成绩糟糕等情况更容易产生情绪烦躁、暴躁和失控状态。具体表现为情绪低迷无精神、心烦气躁易动怒、面带凶相无微笑进入教室，那么，这样的结果可能就是奠定了死气沉沉的课堂感情基调和容易产生师生关系矛盾和恶化点。这是教师课前不良和不正常情绪体现，也表明教师缺乏一定的师德修养。因此，教师在课前应放下不良情绪，运用深呼吸等方法进行自我心理调适，用宽容、从容和包容的心态面对身边的繁杂事务和各种学生问题，让教师的良好情绪和心态感染班级每一个学生，让教师的微笑带动每一个鲜活的生命个体。

二忘教学设计，注重课堂生成。一线教师曾有过这样的形象比喻，即"把课堂比作战场，教师课前备课就相当于战前的排兵布阵"。换句话说，就是一堂好课的前提是充分的课前准备。因此，提前研读课标、解读和整合教材、分析学情和教学重难点是进行整个教学流程的关键，只有做好关键步骤，才能更好地进行教学设计。然而，课前经过教师或教师集体打磨的教学设计仅仅作为课堂预设，更重要的是在教学过程中师生之间共同生成。正如教育家叶澜教授指出："要从生命的高度、用动态生成的观点看课堂教学。课堂教学应被看作是师生人生中一段重要的生命经历，是他们生命的、有意义的构成部分，要把个体精神生命发展的主动权还给学生。"这正是践行新课标提出的"以学生为主体"的课堂教学理念。这启发我们一线教师，即使课前已做好预设，进教室前也要忘记"预设"。这里所谓的"忘记"并不是真正忘记，而是"运用之妙，存乎于心"，即教师心中有教学设计、眼中有教材内容和嘴中有课堂生成。这样，看似忘记教学设计，其实是真正意义上面向班级全体学生的教学理念和尊重学生差异性的学生观，是作为新时代教师对课堂教学生长和建构的实践探索，是师生共同学习与构建的开放性和互动性的课堂教学方式追求，更是优秀教师的教育教学智慧体现。

三忘教师身份，建立平等关系。美国教育家多尔说："教师在师生关系中的地位是'平等的首席'，是内在于情景的领导者，而不是外在的专制者。"教师作为学生知识传递者、心灵的启发者和生活的指导者，其角色重要性不言而喻。然而，教师在课下与学生相处较为融洽，但在课堂上教师真正是"教师"。这里所谓的"教师"是指过分抬高自己的地位，放不下教师的"架子"，将自己过分地、单一地定义为知识传递者，教师在课堂上缺乏与学生情感沟通，缺乏课堂必要的幽默感，缺乏儿童般的纯真与天真心态，拉开了与学生之间的实际距离，更拉开了师生之间的情感距离，导致学生对该科目不易产生学习兴趣，学习下滑，师生关系紧张。正如教育家陶行知先生曾说："教育是教人化人，化人者也为人所化。教育总是互相感化的，互相感化，便是互相改造。"因此，课前教师应忘记自己的"教师"身份，放低自己的姿态，带着"我是与学生共同学习与成长"的心态进入教室，那么教师的教学行为也将自然发生变化。正如近期火爆朋友圈的一篇文章《为什么越是好老师，越不像老师？》中提到的几个教师的案例一样，为了激发学生的学习兴趣和引导学生的思维方式，其中一位教师真正地、大胆地提出"如果你们成绩提升了我就去吻校外牧场的一头猪"。当然，同学们为了看到老师去吻这头猪慢慢变得勤奋，最后老师也履行诺言，学生开怀大笑。试想，如果是你我，我们曾想过用类似的方法激发学生的学习兴趣吗？或许我们从来没想过，更不会这样"牺牲"自己的形象。因此，我们总是高高在上，却忘记了低下来亲近学生。我们的教育想要走得更远，教师真的应该与学生建立民主、平等、和谐、快乐的师生关系。

　　德国教育家雅斯贝尔斯说："教育意味着一棵树摇动另一棵树，一朵云推动另一朵云，一个灵魂唤醒另一个灵魂。"当我们课前真正做到了"三忘"，带着最佳的情绪、心中的教学设计和平等的教育观念进入教室时，一堂美丽的、快乐的、幸福的学习之旅即将开始。

　　老师们，带着同学们一起进行课堂旅行吧！

让名师工作室成为教师专业成长的新支点

随着新课程改革不断地深入，对教师提出了更多更高的现实新要求。"名师工作室"已成为众多地区提升教师专业发展、培养名优教师的新载体，以"课堂"为基点，把"教、学、研"紧密融为一体，作为教师共同体发展的新路径。这样有利于打破教师单打独斗的局面，有利于促使教师改变职业倦怠心态，有利于打造一批师德高尚、业务精湛、富有特色的教师团队，对改善学校和区域教师结构、教育均衡发展和学生可持续发展有着重要的现实意义。

——名师工作室将更多教师带到精神的高地

近年来，我国为培养高素质教师队伍，全国各地根据当地教育发展的不同建立不同层次和不同类别的"名师工作室"。各地甄选师德高尚、业务突出、综合能力强及有明确的示范引领作用的省市特级教师作为工作室导师，带领区域甄选出来的教师作为学员开展为期 2～3 年的跟岗研修。"名师工作室顺应了知识及学习的社会学特征，实现了教师专业发展从'主体性'向'主流间性'的转变"，以更好地促进教师专业发展、学校可持续发展及区域教育均衡化发展。2014 年年初，笔者作为初中思想品德教师，自觉主动加入名师工作室，成为成都市双流区廖洪森名师工作室第一批成员。经过近两年的实践参与，工作室形成了"教、学、研"发展的共同体研修模式，初步探索出每位学员个人教学特色风格，有效地促进了工作室成员专业发展，也带动了区域学校教师的学习热潮。针对于此，笔者以期与同行分享成长，共同探究工作室可持续发展策略。

一、在困惑中和摸索中寻出路

随着名师工作室的热潮席卷全国各中小学，一大批不同年龄段教师不仅实现个人专业化成长，而且推动了区域教育质量的不断上升。成都市双流区教育局自 2009 年建立了第一批名师工作室，2014 年成立了首个中学政治名师工作室。在区域内选取师德和师能较强的青年教师作为提升对象，以工作室先进的教育理念和业务能力引领区域教师专业能力发展，在全区初高中政治学科甄选了初高中各四位学员，以期通过为期三年的学习全面提升学员的专业理论素养、实践能力和教育科研能力，形成一批在全区和全市范围内有影响的、有知名度的、有个性特色的思想政治（品德）学科教师。

二、在实践中反思，在反思中前行

第一，合理定位——工作室可持续发展的前提。工作室开展各种活动需坚持将理论和实践相结合的原则，加强相关理论学习，在实践中融入理论提升专业素养；以名师工作室课题为载体，在教育教学研究中发现问题、思考问题和解决问题；以引领为特征，促进工作室学员在导师引领下不断成长与发展，并且发挥学员在成长过程中的辐射作用；以培养目标为手段，将内在驱动与外在要求相结合，引导工作室学员不断加强教育教学研究，提升专业内涵和综合教育教学能力，更好实现突破自我和超越自我，将工作室先进理念与方法辐射给更多的教师，从而为工作室和学校未来的可持续发展创造了良好的前提。

第二，完善机制——工作室可持续发展的保障。在工作室成立之初，工作室所有成员集体拟定并讨论通过了《工作室2014—2017（三年）发展规划》《工作室学员培养计划与研究方案》《工作室管理制度》《工作室活动制度》《工作室读书推进方案》《工作室导师职责》《工作室成员职责》《工作室考核奖励办法》等章程，使我们的研修活动和各项工作一开始就建立在规范科学的基础之上，从而为工作室未来的可持续发展提供了有效的保障。

首先，制订每位学员的三年发展规划和每学期发展计划，认真落实，在学期末严格进行考核，以制度为保障。要求每人每期必须完成"五个一"工程，即一堂有思考性和探究性的研究课，上好一堂水平较高的观摩课，举办一场有思想的小专题讲座，完成一篇高质量、有水平的科研论文，带领该校至少一名徒弟上校内公开课，锻炼学员成为一个会上课、能教研、善总结、会指导、会交流、能反思的教师。

其次，建立定期集中学习研讨的工作制度，严格考勤，安排专人作好每一次的研修记录。通过区研培中心发文公布工作室每周固定活动时间，学校教务处错开排课，保证所有学员能准时参加，为学员提供了制度保障；工作室每周三下午全体成员集中进行理论学习、课堂教学、读书分享、小专题讲座等丰富多彩的活动。

最后，确立"导师引领、同伴互助、教研结合、推陈出新"的工作原则，落实以学习研究思想政治（品德）新课标、试题研究、课题研究以及有效课堂教学方法为重心的工作思路，将工作室研修成果应用于指导区域思想政治（品德）课堂教学活动，影响和带动区域一大批中青年政治教师走专业性化、有层次的学科教学发展之路。

第三，活动引领——工作室可持续发展的路径。工作室在特级教师带领下，积极为学员创造条件，为每位成员提供了广阔的展示与交流的舞台，让名师与学员、优秀学员与学员之间互相交流、取长补短，通过开展形式多样的各种研修活动，为工作室未来的可持续发展提供广阔的路径。

首先，"走出去"与"请进来"相结合，开阔研修学习视野，促进专业水准提升。一方面，我们组织全体学员外出培训考察，如2015年3月参加全国教科版优质课大赛暨教材修订研讨会，开拓学员的视野以及学习当前全国各省教学宝贵经验；另一方面，我们邀请了省内知名的专家和优秀一线教师，如邀请省、市教科所思想品德教研员、师范院校思想政治教授等专家莅临工作室对学员进行培训、指导和引领，以此打造一个会实践也会研究的优秀团队。

其次，致力传播工作室的先进经验和研修成果，与区内外同行开展交流，在互动学习中全面提升学员的个人综合素质和学科专业素养。特别注重帮助本区域教育薄弱的学校、其他教育水平欠佳的地区学校，通过每月教研会、集体送教、网络研修等方式辐射和引领，促进区域及薄弱地区教师的教学专业能力提升。

最后，将名师工作室的日常研修活动与全县思想政治（品德）教研活动、新教师培养和骨干教师培养工作有机结合，有效促进工作室引领示范作用。主要途径体现在：建设资源共享网络平台，工作室以QQ群、廖洪森名师工作室网的方式建立资源平台，将工作室的各项研修成果和各种最新的学科教学资源上传到平台上，供全区教师共享；创办工作室活动简报，开辟"优秀教学设计（教学实录）""优秀论文""成长随笔""读书感悟""导师推荐"等特色板块，选材丰富、内容翔实、文笔清新，使得简报的可读性及其指导价值大大增强；工作室成员积极指导和参与每一次的全区政治教研活动，担当了各级各类教研活动的主持人或点评教师；学员作为区域政治教学的优秀骨干教师，工作室学员与全区各个学校的新分教师开展了"师徒结对"活动，通过一对一的"传、帮、带"，促进了这批年轻人的迅速成长成熟。

第四，共同成长——工作室可持续发展的动力。工作室成员因有着共同的远大目标和教育情怀而走到一起，以课堂教学为载体，成员之间集体观课、评课和磨课，分享优质课堂资源，真诚提建议、分享经验，生活上给予极大帮助与关心，让每位学员获得归属感和感受到工作室的温暖，让每一位学员都能进步。这种"共同体"成长，有利于增进工作室的凝聚力，利于创建和谐温暖的团队奋进氛围，利于全体成员的专业成长，利于工作室可持续良性发展。通过这样的成长方式，团队成员互帮互助，大家共同面对问题、思考问题和解决问题。

第五，课题研究——工作室可持续发展的品质。工作室先后成功申报了名师工作室课题"以课例为载体，构建区域政治教师专业成长共同体行动研究"，该课题以"以研促教、以教促研，形成常态化科研发展之路"为指导理念，改革传统研培方式，借名师的示范、带动和辐射作用，积极研究构建区域政治教师专业成长共同体，有效地推动区域政治教师专业发展，促进区域教育均衡至关重要，对政治教师的专业成长发挥了行之有效的引领、指导、服务和促进作用。通过课例，我们对观课议课有了更深入的认识和思考，建立了由专家、政治学科研培员、骨干教师和青年政治教师组成的团队并辐射到各学校。同时，工作室根据当前名师工作室在推进过程中重能力轻师德修养、重优秀个体忽略学校长效发展的现象，工作室再次成功申报了四川中小学教师师德研究中心重点项目课题"名师工作室示范效应与学校师德建设长效机制构建研究"，相信以课题为载体能大力推进教师行为的渐进发展。

三、破茧成蝶，收获喜悦

通过以工作室为载体，助推教师共同体成长的研究路径，经过"理论——实践——反思——再实践"的研修过程，逐步探索和实践出适合工作室可持续发展的运行模式，在短短一年多时间中，工作室取得了可喜的成果。

第一，初步形成有特色、形式多样的学科研培活动。针对工作室成员及区域其他政治教师教学技能、课例研究需求调查，导师作为区政治研培员，以名师工作室为载体，改变单一研培方式，教研活动开始前会调查教师需求，根据教师需求有针对性地开展教研方式，如"工作室名师与青年教师同课异构""教师借班上课的技巧与探究""新进教师课堂管理与课例探究""农村学校如何挖掘资源上好优质课"等，这样让工作室成员及不同区域学校、不同年龄阶段教师、不同水平的教师在处理教材、整合教材、解读课标、课堂管理等方面都得到了较大的提升。工作室成员在课例研究方面，不仅再次对教材有了深入的剖析，而且在区域内产生了较大的辐射影响。另外，通过学习华中师大崔允漷教授观课方法，听课之前学员都有不同的观察项目，在每次评课过程中更具有针对性、科学性和指导性。通过以上方法，改变了过去单一评课标准，分配任务，让更多老师真正动起来，参与其中，让老师也成为课堂的又一"主体"。

　　第二，探索出打造优质课例的研究方法。在工作室导师主持下的课题研究中，通过工作室学员实地听课，结合区域优质学校取得的赛课成绩，工作室进行了跟踪调查，其中两所学校（我校为其中一所）政治教研组具有共性。他们在打磨优质课过程中，采用"多次实践+多次反思"法，即研究者对同一节课的内容进行三次授课。第一次由授课教师自己进行教学设计，不由教研组共同帮助设计，完全自主设计，先选用一个班级上随堂课，课后教研组成员老师针对观课中的问题进行评析，提出改进意见；授课教师在听取意见后，及时进行第二次思考和修改后，重新选取所教班级中另外一个班级进行第二次授课，课后教研组各成员根据出现的新问题进行分析，再次提出修改建议，授课教师及时进行第二次思考和修改；最后进行第三次授课，之后再由全体教研组教师提出观课意见，确立最终的教学设计及相关的课堂教学反思，并作为优质课进行推广学习和践行。

　　第三，提升教师成长的新途径及新成果。

　　其一，工作室组经过调研、跟踪工作室成员所在学校以及我区其他不同学校，认真总结优秀学校、优秀教研的教研文化，并且通过名师工作室，采取各种途径进行培训。培养途径为：工作室成员或学校校内备课组每周一次教研、校内教研组每两周一次主题教研（包含人人学习、研讨课、专题讲座）→区研培活动搭建平台，展示新成果→区名师工作室内部培训与名优教师引领，以此辐射该校及区域政治教师→评价跟进。

　　其二，由于研培方式和课例研究方法的改变，取得了较大的成果。具体为：一是表现在教学成绩方面，近两年，工作室成员所带班级在区域初高中参加区级、市级调研考试中，考试成绩有了较大的进步，特别是在初高中升学（结业）考试中处成都市前茅；二是表现在学校教研文化方面，工作室成员所属学校将工作室先进理念与教学方法及研究成果进行传播，学校教研组改变了传统的教研方式和评课方式，初步形成了具有本校特色的教研文化，让教研组、备课组的老师全员动起来，激发了老师们对课例研究的热情；三是表现在教育科研方面，经过开展的一系列活动和培训，提升了学员及区域教师教育科研的能力，从问题出发，树立"问题即课题"的科研意识，工作室成员在论文获奖、论文发表、独立承担讲座、公开课、学术报告等方面明显数量增多、级别增高、刊物多样、影响强烈；四是表现在工作室学员个人素质变化方面，在课程理念、课标认识、育人方式、教学行为等方面能力普遍提升，在评优选先中先后多人次获区级及以上荣誉。

四、工作室可持续发展的展望与思考

工作室开展活动近两年，导师进行了"工作室成员对工作室活动的建议"的专题会议，各成员各抒己见，就"活动有效性与时效性""运行机制""课例与课题研究""论文写作"等方面进行了深入交流。各成员情真意切的话语以及对工作室的期待，充分表达出对个人专业发展的愿望。通过对工作室的反思与规划，在以下方面还需进一步思考和研究：

其一是加强工作室的网站建设，要充分利用网络容量大、速度快的特点，落实成员分工负责制，将工作室的活动简讯、工作动态、论著文章和工作简报等各种资料及时上传；将区域教师的优秀教案、课堂实录、教育随笔和精品微课等各种资源通过网站与全国的同行进行交流、互通有无，充分发挥网络平台的辐射和交流功能，真正使网站成为展示科研成果和名师风采的一扇窗口。

其二是创新研修方式，强化培训实效。要大胆尝试网络研修的这一新生事物，充分利用现代信息技术的成果来促进导师和学员自主学习、网上互动，提高工作室开展常规研修活动的效益。具体措施有：开展电子集体备课或教学设计分享、进行视频教学案例研究、建设个人或集体教育博客、举行网络主题论坛活动、建设网络教育资源库等，通过这些前沿的研修方式，促进学员更新观念、学会创新。

其三是拓宽"导师每日推荐文章"的来源渠道，提升文章质量，改变由导师一个人推荐文章的单一形式，请工作室专家团队的所有专家和导师共同推荐或撰写文章，供学员学习；同时，还可以由学员自主选择阅读其他工作室推荐阅读的好文章，以此来拓宽视野、增长学识、培养才干。

工作室将坚持以"做实""做活"研究信条开展教育教学工作，不断聚焦困难和深入研究，不断学习和创新策略，不断反思总结和积累提升，再接再厉、不倦追求、厚积薄发。

老师，请您慢一点儿

教书近十年，从一个血气方刚、容易急躁的青年教师慢慢地变得更加温和可亲。还记得刚踏上工作岗位时，由于担心进度慢了，便加快教学进度；害怕试题讲不完，抢各种时间评讲；焦虑后进生考差了，用威严逼着过关……是的，教学成绩居于前茅，各种表扬声音源源不断。然而，当我复习抽问学生问题时，学生答不上来，我马上变得非常生气；当看到讲过的类似的试题学生再错的时候，我觉得非常失望，不知道还要怎么教他们；当我看到学生一边听课一边手忙脚乱地记笔记时，我觉得这不是他们的能力水平……我发现，我越来越不快乐，和学生之间无形之中也有了隔阂，师生之间的情感也越来越疏远。我开始真正静下心来，思考我为何会变得不快乐？我与我的学生到底哪儿出了问题？不知不觉我陷入了沉思之中……

回到家里，我和母亲谈了我最近的不快。母亲没有说什么，只是说想让我为她炖一次鸡汤。平日里我很少做菜，但我认为这很简单。所有食材都准备好了，我把火开得很大，认为可以很快就喝到可口的鸡汤。然而，不到一个小时，我和母亲都闻到了糊味。母亲突然跑到厨房关了火。此时我快速过去一看，水干了，可鸡肉还没有熟，还有一点糊味。我很丧气地叹息道："我连个汤都熬不好，笨死了。"母亲安慰我说道："要想炖出香浓的鸡汤，需要火开小一点点，慢慢熬才行，食材和鸡肉才会相互'交融'，熬出美味。现在鸡汤喝不成了，明天我们还可以重新熬，但不是所有事情都可以重来。"我望着母亲，从母亲眼神里和语言中似乎明白了一个道理：汤要慢慢地熬，否则喝不到好汤；教育也要慢一点，否则灵魂跟不上。

一、慢一点儿，体现的是尊重差异

米兰·昆德拉说："生命是一棵长满可能的树。"作为政治教师，我们更应该明白，每天在学校里面对的学生是一个个独立的生命个体，每个鲜活的生命都有自己的价值和光芒，都值得我们尊重。一个班级是由不同学生组成的，自然也就出现多层次能力水平的现象。然而，我们极易陷入"三比"思想，即学科教师之间比谁上得快、比谁做得多、比谁考得好，无形之中陷入盲目"攀比"状态。然而，在教学中却拔高标准、统一试题、进度加快，我们只看到了"山峰"而忽视了其他一座座小山，也反映出我们教育者的心态过于着急。结果就是教学效率不高，出现夹生饭、半生不熟，这让一部分学生自然就掉落下来。其实，我们在教学节奏上应慢一点，慢下来思考对不同的学生应采取何种教学方法和教学要求来实现共同的教学目标。这样的课堂教学和课后辅导才能不断激发学生，特别是后进生的学习兴趣，让他们能在教师的"慢"中多一点时间思考、探究、分享和领悟，才能更好地将所学融会贯通、真正落实，让学生在"慢"中弥补先天与后天的不足，获得平等的发展机会，感受到教师对自身的尊重和耐心。

世界上没有两片相同的树叶，只有当教师内心认识差异、理解差异，才能尊重学生之间的差异。我们的"慢"，是因材施教、关注每一个学生内心需要的体现，是给学生多一点思考和交流的机会，是给学生多一些尝试和纠错的机会，是我们真正关注学生情感的流露，更是我们为学生未来可持续发展的关注。

二、慢一点儿，表达的是主动关爱

教育家苏霍姆林斯基曾说："教师的全部奥妙，就在于如何爱学生。"可以说，教师对学生的爱是双方建立情感的纽带。在一线教学中，我们对于成绩优异的学生更多关注的是如何使其更优，采取个别培优辅导、集体辅导或单独购买资料等方法使其成绩变得更好，但我们是否考虑过这些学生他们内心真正需要的是什么？作为教师，我们更多的看到了"成绩"，致使我们的做法有些功利化，久而久之，优生不优了，教师开始"忧"了，这才开始停下来去分析和关心他们。其实，优生已经具备了很强的学习能力和应试能力，我们更应慢下来，主动地走进他们的内心，以朋友、家人的身份与他们沟通与交流，了解他们的思想，疏导他们的学习压力与竞争压力，调整他们的焦虑情绪，多给他们在生活上和思想上的帮助和引导。教师这样的"慢"，是一种教育智慧，是一种教育情怀，更是一种人文关怀。在"慢"中，我们不再停留于冰冷的分数，不再只重智育而轻德育，不再只重成才而轻成人。

其实，不管是优生还是后进生，都有着不同的情况出现，在合适的时间里慢下来，主动关爱我们的学生，给学生表达内心想法的机会，这是教师真正关注了学生的精神需要，让每个学生都能感受到教师对教育的热忱和对自己的真心。

三、慢一点儿，展示的是内在修养

心理学家顾修全博士曾说："真正的管理人是去管理人的情绪。"教师是有血有肉之人，难免会有情绪出现。课堂上，当教师抛出一个较难的问题后，学生一时回答不上，教师就开始焦躁，眉头紧皱。当学生看到教师这样的表情和状态时，可能下意识地低着头不语。当教师看到学生低头不举手回答问题时，情绪就可能失控，甚至开始对学生进行批评、指责，乃至出现不恰当的语言打击学生的学习积极性。另外，教师很多时候鼓励学生多主动问问题，而当学生所问是课堂上再三讲过的问题时，教师就可能批评学生上课不认真听讲或直接不讲，甚至对学生大发雷霆，认为学生不尊重其劳动成果。于是，学生不敢再问了，对学习失去了之前的热情，还可能出现反感该教师和该学科、师生关系紧张、学生厌学情绪严重的情况。教师每天面对纷繁复杂的各种事务，疲惫不堪，难免烦躁和不顺心，然而学生却是无辜的。教师此时的"慢"，是顺应学生认知规律发展的需要，是教师自我情绪管理的需要，也是教师职业内在修养的需要。

政治教师不仅仅承担教学责任，也是德育实践者。我们应成为学生成长过程中的引路人，用我们高尚的内在修养潜移默化地影响学生。"慢一点"，对我们的学生多一些呵护、多一点耐心、多一份责任，让教师成为学生成长的一面镜子，共同体验成长的快乐！

老师，慢一点儿，再慢一点儿，等等每朵花朵，成长会更美好。

解密学优不成功的背后

教育大计，教师为本。在《国家中长期教育改革和发展规划纲要（2010—2020年）》中提出，要"完善培养培训体系，做好培养培训规划，优化队伍结构，提高教师专业水平和教学能力。"因此，全国各地教育行政部门组织学校和教师参加很多各具特色的培训，教师们在培训中也醍醐灌顶、受益匪浅，更是计划如何在自己的教育教学中快速实践，以取得高效的学习效果。然而，这样"拿来经验"的学优方式，让很多老师变得迷茫，为何同样的教育教学策略效果却大相径庭，甚者起反作用，不得已终止学优中的先进经验，这样重复性的"学优"越来越让自己怀疑先进经验的权威性和可靠性。笔者纵观培训中常见的这种现象，结合一线师培情况，认为学优效果不佳主要基于以下三个"不准"。

原因一：学情、班情把握不准。苏霍姆林斯基曾说："每个孩子不仅是一个生命个体，更重要的是他们是一个人，一个有思想、有着丰富情感和需求的独立的人。"一个学生或一个班级都有其个性与共性，教师在学优的过程中，对此是不太清楚或者是完全不了解的情况下聆听的。比如：学生学情方面，学生的性格、认知能力、知识储备、学习习惯、学习方法、学习成绩以及个人的家庭教育背景、家长教育方式等都是学习者不了解和把握不准的方面，不可随意将这些学生的特质"强加"到自己的学生身上，这是违背学生个体成长规律的，也容易导致教育偏差；班情方面，每个班级从建班开始，教师和学生共同打造属于本班的班级文化，包括物质文化、精神文化和制度文化等，这些文化已经深深烙印在学生心底，形成了共同的信念、价值观和群体目标，学生积极向上、自我约束力强，对教师教育和教学都具有很好的辅助作用。作为学习者，应以本班学生为基点，切实做好学情分析和班情分析，才能更好地促进学生和班级共同成长与发展。

原因二：对教育教学策略理解不准。著名的教育家夸美纽斯说过："寻找并找出一种教学方法，使得教师因此可以少教，但是学生却可以因此多学，使学校因此可以少些喧嚣，厌恶和无益的劳动，多具闲暇、快乐和坚实的进步。"为了调动学生的学习兴趣，提高教学实效性，全国各地的学校和名师都在探索各种教学方法，以期在理论和实践的基础上探索出行之有效的教学模式。然而，教师在聆听他人先进教学经验或学习他人优质课堂教学时，非常容易陷入"拿来主义"思想，照搬照用他人教学模式或教学流程，结果出现课堂死气沉沉、学生疑惑不解的现象，试用后教学成效也不佳。其实，当前我国中小学中有一些出名的课堂教学模式，然而老师们却不知，教学模式是在多年的理论研究和实践中总结出来的教学活动框架，而这种教学模式具有两面性，既有学习和借鉴的一面，但也有其不可复制的一面。然而，当前很多教师求知心切、盲目使用，而没有潜下心分析所谓的教学模式。笔者不太赞成所谓的"教学模式"，提倡"教学策略"。策略偏向于为达成教学目标和教学任务对教学活动开展的一系列执行流程或过程，教师需要根据本校、本班学生实情，同时应根据授课内容，认真解读其内容，设计符合教学目标的操作流程，有效地"改革"教学策略，这样才更具有操作性和有效性，切记不可模糊不清，生搬硬套。

原因三：教师个人能力差异分析不准。著名哲学家莱布尼茨说过："世界上没有两片完全相同的树叶，世界上没有性格完全相同的人。"教师群体同样如此，他们在性别、性格、先天条件、认知能力、观察力、逻辑思维能力、敏锐度等各个方面都存在很大差异，其个人综合能力也各不相同。因此，教育也讲究"天分"，但更看重后天的努力程度。一些教师在学优过程中，往往没有客观分析授课者（即优秀教师或专家）与自我之间的不同，也没有全面分析彼此之间的先天与后天差距，自然也就不能很好地运用到自己的实践操作之中。比如，授课者之所以推广其教育教学成果，这是基于他们能将已有的研究和预知的研究有效整合，以知识为基础，结合多年的丰富经验，不断设想、实践与完善，真正运用到教育教学中，他们具有很强的理论研究水平、知识储备和问题研究能力，能对基本问题和复杂问题提供不同的指导方法，这一点充分看出教师之间的能力水平差异。另外，授课者在教育教学中采用的方法，除了学情不同外，由于男女性别不同，教师在语言表达、面部表情、肢体动作等方面也存在不同之处，这些方面的不同直接展示出教师的综合素养能力和性别差异带来的不同影响力。

纵观以上三大原因，我们可以发现，优秀的教育教学经验并不适合每个学校或每位教师。作为教师，我们必须明白，社会在不断进步，外界条件在变化，学生也在变化，学优中的经验需要经过"过滤"后才能为我所用。当然，作为学习者，不能完全尽信他们的先进经验，但也不可完全否定他们的优秀做法，而应将这些经验认真探究，可以作为自己实践和研究的着力点，但自己必须在实践中不断探索、不断反思和不断完善，那么这样的学优才更有意义，也才走得更远。

课题研究——教师成长的必经之路

> 苏联教育家马卡连柯说:"学生可以原谅老师的严厉刻板,甚至吹毛求疵,但是不能原谅他的不学无术。如果不能完善地掌握自己的专业,他就不能成为一个好教师。"教师不可只做教书匠,不可停留在固有的经验之上而停止学习。教师作为学生学习的指导者、引领者和榜样者,不可对课题研究敬而远之,认为自己作为一线教师无缘也无能涉足。其实,课题研究并非遥不可及,只要我们做生活与学习的有心者,课题处处有。进行课题研究,对教师更新教育观念、丰富专业知识、拓展思维能力等方面有着重要作用。因此,将课题做实、做好、做出特色,才能在课题研究中发现、反思与完善,进而提高教育教学质量。
>
> ——课题研究中的所思所想所感

　　振兴民族的希望在教育,振兴教育的希望在教师。课题研究对丰富教师学习理论,更新教育教学观念,增强教师的思考能力、归纳总结能力、团队协作能力及科研写作能力等方面有着重要的作用。不言而喻,提高教师的综合素养是具体教育教学实践的关键,课题研究是教师专业成长的需要和重要途径。教师不是简单的教书匠,而应是教育与教学的统一者、教育教学与科研的融合者,才能更好地适应 21 世纪教育发展的需要。

　　青年教师是未来教育的主力军,是教育的希望所在,是学校实现可持续发展的重要保证。在新课程改革的背景下,如何使青年教师尽快成长起来成为推进新课程改革的一支重要力量已成为人们关注的热点和重点课题。现实情况表明,青年教师专业成长正遭遇着诸多职业困境。主要表现为:一是职业准备不足,教与学错位。很多青年教师不善于设计具体的教学情景,照搬大学教师的授课方式,很难把学到的专业知识转化为具体的教学行为。二是教育实践缺少专业化指导。目前教师工作担子重,教学压力大,老师们平时都忙于各自的工作,青年教师和老教师之间缺乏有效的专业互动。上述问题已成为青年教师专业成长的瓶颈。

2012年9月，笔者第一次真正投入课题研究，作为主研人员加入到特级教师廖洪森老师主持的课题"以课例为载体，构建区域政治教师专业成长共同体行动研究"。课题组以"以研促教、以教促研，形成常态化科研发展之路"为指导理念，改革传统研培方式，借名师的示范、带动和辐射作用，积极研究构建区域政治教师专业成长共同体。笔者在两年的具体研究之中收获满满，从刚开始的迷茫、措手不及到慢慢适应、调整，慢慢懂得了如何做好课题，如何在课题中研究和探究，如何从一线问题和经验深挖理论研究和理论指导，如何做好教科研成果……这样，作为当时刚工作四年的我来说，是非常好的专业成长途径。下面将真实的研究过程与实施途径（方法）与广大教师分享，以期广大教师真正认识到课题研究对教师专业成长的助推效果。

首先，课题组确定了研究思路，为保证课题开展具体研究提供基础。梳理研究思路，对青年教师来说是一次"研究导航"。其一，统一思想，形成共识。我们通过调查与研究发现，只有走好青年政治教师的专业成长之路，我们的教育才会有活力，强调本课题研究的目的旨在促进教师的专业成长而非考核，是一种共同提高、共同促进的行为。其二，加强指导，注意专业引领。建立由专家、政治学科教研员、骨干教师和青年政治教师组成的团队并辐射到各学校，既要注重同事之间的互助，同时也要尽量避免同事间的同水平的反复，这样就需要更多地聘请教学专家、资深的教师进行专业指导。其三，转变观念，构建研究型区域。青年政治教师的专业成长是一个区域的综合性工作，是每一所学校每一位教师的教育思想转变的过程，也是教育思想相互促进的过程。在这个相互促进的过程中，大家应该以一种配合的精神来从事这项研究工作。其四，抓住重点，反复循环。成立初、高中子课题组，每个子课题组每个学期进行三至四个案例的实验。课题组在三年时间完成案例工作。案例是途径，促进教师的专业成长是目标，做到子课题组的全员参与，共同分析。其五，以人为本，互相关怀。区域与基层学校之间尽力营造互助的氛围，提倡协作，培养团队精神，促进彼此之间的沟通和理解。其六，及时总结，典型推动。分阶段进行小结，及时将课题研究工作中好的做法进行推广，并进行表彰；对存在的问题及时进行分析，加以纠正，保证课题稳妥地开展并达到预期的目标。

课题研究过程中，需要科学的、正确的、合适的研究方法，这是我们一线青年教师比较缺乏的。通过与课题组其他教师的讨论，我明白了不同的课题研究需要采取不同的，具有针对性的研究方法，不能一概而论或盲目使用。在课题"以课例为载体，构建区域政治教师专业成长共同体行动研究"内容和预期效果中，我们通过多次研究，主要采取了行动研究法。从"回顾诊断

—筛选问题—分析原因—优选理论—拟定设计—实施行动—效果监控——审查反思"螺旋式循环,着重围绕教材的使用和教材的开发、教学过程和学习方式,尤其是课堂教学操作的最优化选择、教学过程中出现的问题及其处理方法等方面对"建立高效的区校两级协作式研培方式,改进青年政治教师课堂教学行为"展开研究并构建课题研究模式、临床诊断模式、"案例教学"模式、"师徒制"模式的区域研培共同体研培运行方式。同时,运用个案研究法、文献研究法、调查研究法等。这样,研究思路和研究方法指导具体研究过程,使研究更科学、更有效。

其次,课题开题以来,针对主要解决的问题,课题组采用以下研究措施,并开展相关研究活动:

1. 筹备、组织课题组成员与健全课题组制度

(1)成立课题研究小组,选拔研究人员,撰写研究方案,健全课题组组织制度,收集相关资料,为课题研究打下基础。

(2)深入调查,了解区域政治教师现状,寻找课题研究切入口,确保课题研究的科学性和时效性。

(3)针对问题,结合实际,起草方案,多次论证。

(4)课题组专项研究和学习开题报告,统一认识。

(5)提高主动学习和研究意识,做好"观课议课"实践准备。

2. 结合课题研究,开展各类讲座培训活动

(1)加强学习,专题讲座,明确方向,转变观念。

(2)针对问题,以研促培,以赛代培,优化设计,集中讨论,共同成长。

(3)立足各校实际,尝试制定"观课议课"评价表及实践方法。

(4)开展课题组议课小专题沙龙,共同探究,促进发展。

(5)"请进来"与"走出去"相结合,拓展视野。

3. 成立名师工作室,推广工作室研究成果,引领、示范、辐射作用,推介名师工作经验,为区域政治教师专业化水平的提升搭建平台

2014年2月,课题组主持人廖洪森老师成为"双流区廖洪森名师工作室"导师。以名师工作室为载体,培养一批德才兼备的优秀政治教师,发挥这批优秀政治教师在课堂教学、新课程改革、教育科研等方面的引领、示范作用,以带动和提升本校乃至区域政治教师的积极性和业务能力。工作室每月开展主题活动,结合双流区每月研培活动,举办四课研讨(合格课、研讨课、示范课、优质课)、学术沙龙(以课例为主题的讲座、报告、指导科研等)、名师论坛(听取省内外专家的讲座、发言与交流;指导青年教师在一线中遇到的困难和疑惑)、名师风采(送教活动、不同阶段的教师及高校师范生技能培

训）等活动，以提高区域政治的教学实际能力，促进区域政治教师专业成长，形成了区校之间、校际之间、研培员与教师之间、名师（成员）与教师之间的互动的伙伴关系，有效地实现区域性的资源共享，大大提升了区域政治教师的业务水平和研究能力。

（1）搭建学习与交流平台，开展一系列主题与常态课例研究，发挥骨干成员辐射、引领作用。

（2）课题组结合基地校及区域其他学校，在研培活动、各级各类赛课、教学设计等活动中选取了以下优秀教学设计，发布在初、高中QQ交流群中，供区域政治教师共享。

4. 以赛代培，搭建平台，共同学习，同伴成长

（1）开展初、高中青年教师新秀杯、教材解读技能大赛。

（2）组织参加和观摩区、市、省各类赛课活动。

5. 整理课题成果，以成果助推教师专业化成长

为更好地梳理和整理课题组研究成果资料，课题组进行了全面分工与合作，共同整理汇总研究材料与成果，撰写研究报告，请学科专家与一线优秀教师指导。具体安排如下：

（1）课题负责人筹划与组织、分工与协作。

（2）整理课题成果，形成课题研究成果集。

① 整理课题组开展的各种活动的图片集。

② 收集与整理课题组活动新闻（简讯）报道，形成课题组新闻（简讯）集。

③ 精选区域政治教师"磨课"中的优秀教案，形成优秀教案作品集。选取棠湖外国语学校（以下简称"棠外"）为基地校，以棠外初中教研组为示范教研组，形成《优秀备课指南》（校本教材），在区域中进行推广与学习。

④ 精选区域政治教师优秀论文、教学随笔、教学案例，形成教师论文（案例）集。

⑤ 收集课题组在研究过程中的各种报告及成果，形成过程性资料集。

（3）课题组通过"讨论→执笔→再讨论→完善→再讨论→再完善→填写"等步骤，填写各种报告与鉴定书。

课题组负责人廖洪森老师组织课题组成员多次开会，指导如何撰写研究报告、工作报告、成果鉴定书，并且组织课题组成员共同讨论，让课题组成员深入了解课题；通过三次的讨论过程形成研究报告和工作报告初稿，请相关专家、学科带头人、一线优秀政治教师指导修改并完善，最终定稿研究报告和工作报告，并填写成果鉴定书。

以上是整个研究过程，仅供一线青年教师参考。经过两年的课题研究，

我们提高了对课题认知能力，准确把握了研究方向。同时，还取得了一系列成果。如：初步形成有特色的区级学科研培活动及课例研究新方法，通过课例，我们对观课议课有了更深入的认识和思考，建立了由专家、政治学科研培员、骨干教师和青年政治教师组成的团队并辐射到各学校。通过构建区域政治教师专业成长共同体，共享优质资源，促进校际间的交流与学习，引导广大教师成为研究型、反思型的教师，帮助他们形成教、学、研合一的专业生活方式，从而努力缩小校际之间的政治学科师资差距，提高中学片区学校整体政治教学水平。另外，教师参加各类赛事、教育科研活动成果丰富，课题组在省内外辐射带动作用明显等。

　　课题研究，是青年教师专业成长必不可少的路径。其实，青年教师一听到"课题"二字，无需认为一定是高大上、高不可攀的。其实，每一个教师都可以做好课题研究，将教学中的困惑、反思、经验及时梳理，对主题进行系统性、针对性的研究，并深入思考与实践，最终将研究成果转化为教育教学生产力，推动教育教学改革，为教育教学服务。

第四篇

教学智慧

——让专业成长更富有内涵

　　苏霍姆林斯基说:"一个好的教师,是一个懂得心理学和教育学的人。"教师既是知识传播者,又是引路人。作为科任教师要深刻明白,课堂教学活动是复杂的、变化的,具有不确定性,教学智慧自然也成为教学活动必不可少的一部分。何为教育智慧?《教育大辞典》中这样解释道:"所谓教学智慧,就是教师面临复杂教学情境所表现的一种敏感、迅速、准确的判断能力。"教师应在课前、课中、课后都要有洞察、敏锐、机智和快速的智慧状态,艺术、有效地处理教学中的突发问题,更应有预知问题的能力,将"技""艺""道"三者结合,教学智慧也就应运而生。

神奇的小纸条

"为什么你的成绩下滑如此迅速？""你看你，复习状态一点都不好""你怎么不像以前那么努力了？"……以往，当学生出现了问题后，很多老师就会以这样的方式来教育学生，目的是引导学生认识和改正自己的错误。我也不例外，之前也会如此苦口婆心地教育学生，然而不一定达到预期效果。

一次复习课上，同学们都在认真背诵重要知识要点，然而小林却在打扰附近的同学。如果按照以往，此时我会走到他的面前，教育他，甚至可能还会让他站起来学习。然而，我认为这样的教育方式可能导致小林反感，影响师生关系的和谐，甚至导致小林借此认为伤害其自尊而不再学习该学科。此时，我想到曾与科任老师交流过小林的情况，知道他是一个爱面子的男生。于是，我走到讲台，用了一张便贴纸，快速地写下了几句话："小林，从之前的过关考试看得出你还有一些问题没弄明白，如果有时间，下课后我在办公室等你，袁老师单独给你讲讲，帮助你更上一个台阶。但你在课堂上，还需集中精力，若有问题举手示意，袁老师马上过来给你解答。相信你可以和其他同学一样做得更好!"我走到他的桌子旁边，将便利贴贴在他的复习单上后便去辅导其他同学了。我辅导完那位同学后，继续在教室里巡视大家的复习情况。我没有正面看小林，但用余光瞧了瞧他。我发现他坐姿更加端正了，复习的样子也比之前更专注一些了，自己在默默背诵，也没有再去捉弄附近的同学。我慢慢地走到他座位的附近，和他正面对视了下，我微笑了一下，顿时他点了点，脸上漏出一丝微笑。

课后，他来到我办公室，我和他都没有提起那张小纸条。他说："袁老师，我有两个问题不太明白，我想问问。"看到这个平日里顽皮的男生来办公室问问题，其他老师都朝我这边望了望。小林问完之后，离开办公室时同样贴了一张小纸条在我桌子上，便匆匆离开。纸条上写着："袁老师，谢谢你给我自尊，谢谢你关心我，您那段话让我非常感动，我会好好保存您那张珍贵的小纸条。小林。"顿时，我内心一震，是什么让这个上课不认真、总爱说小话的小林一下子变化这么大？看着小林的纸条，顿时我明白了，原来我换了一种教育方式，采用小纸条形式，将内心对学生的关心和爱用文字形式呈现，把批评换作期待，以正面暗示唤醒学生的学习内驱力，让学生感受到了老师的这份用心。

于是，我试着在小纸条上做研究，适时运用小纸条进行心灵沟通，它成了我与学生沟通的桥梁。比如这段时间全年级同学都在抓紧时间复习地理和生物，时间紧、任务重，加上天气开始炎热，有个别学生变得浮躁，表现出消极状态。"小何，当你觉得确实很累的时候，趴在桌子上休息一下吧。这个时候需要多一些耐心，坚持到最后才是勇者，你也可以做一名勇者。加油！"小何看到这张单子后，振奋精神，注意力也集中了。

随后科任老师们问我，你用什么法宝让小林、小何变得听话并且爱上学习呢？我笑着说："我哪里有什么法宝啊，其实就是一张爱的小纸条。"当老师们听说我是用小纸条改变学生后都很惊讶，他们给小纸条取了个名字，叫"神奇的小纸条"。偶尔这些老师们也用用，效果还真不错。

经过实践证明，小纸条是一种积极的心理暗示，蕴藏着神奇的教育力量，确实有着巨大的魔力。当个别学生成绩考差时，一张鼓舞的小纸条成为学生为自己打气的"士力架"；当学生复习烦躁时，一张"淡定"的小纸条成为学生心静的"加多宝"；当学生遇事伤心时，一张"理解"的小纸条成为学生乐观面对的"百事可乐"……

因为它，我与学生之间的关系更加融洽，教育教学的时效性也有所提高。

我向学生要评价

　　课改背景下的教学评价应坚持以人为本，尊重学生的评价权，让学生的评价作为对教师满意程度的标准和教师自我反思的重要渠道。然而，当前一些学校都是临近学期期末时，为了了解教师教育教学水平和管理情况，才组织学生匿名填写"教师质量评价调查表"。这种评价制度作为教育教学质量评价的一种参考，有助于学校和教师了解一段时间内中学生对教师和自己各个方面的评价，便于在以后的教育教学中改进。但这样具有一定滞后性，在事件过程中不能及时改进和完善，难免会影响师生之间的关系和教育教学的正常开展。

　　教学过程中，我们每节课都在对学生进行课堂评价，每做一次试卷都在进行学业评价，教师对学生的评价无处不在，而学生却很难把自己平日的意见和想法告诉老师。

　　于是，我自 2011 年第二届学生开始，就积极主动向学生要评价。这样的要评价，是教师放低姿态、走进学生心里的智慧之举，是教师放下权威、走下讲台的角色变化之行，是教师平等交流、改进教学的桥梁之径。在这样的真教育中，教师完全将自己置身于常态评价之中，不再担心和抵触评价结果，教师真正体会到了"一朵云推动另一朵云"的教育之乐。

评价一：你喜欢我的教学方式吗？

时间段：初一入学第 3 周

评价方式：纸质书写、QQ 留言（可匿名，可实名）

　　课堂幽默风趣，融入学生生活之中；气场大，控制得住场面，上课有范儿；追随时代潮流，选材新颖……能不喜欢吗？

——初 2014 级 2 班　　胡友行

　　很喜欢。袁老师是一个积极上进的老师，总是给我们带来欢声笑语。您是一位负责任的好老师，鼓励每个同学发言，让每个同学都能得到展示。您还是一位有独特思想的人，对问题会有不同见解。赞！

——初 2014 级 2 班　　胡雅玟

这根本不用问。我打包票（四川话：意思是保证），几乎每节课都充满欢声笑语。你并没有照抄照搬书本内容，你总是联系我们的日常生活，生动形象地高效教学。

——初 2014 级 2 班　陈雅婕

我喜欢袁老师的教学方式，每节课都很有趣，感觉没上几分钟就下课了。

——初 2014 级 2 班　程梓珈豪

你喜欢将课内和课外相结合，讲述自己的故事，让我们感受生活，也让我们快速融入你的课堂。

——初 2014 级 2 班　陈天宇

评价二：复习进度快不快？

时间段：初三下期复习阶段
评价方式：纸质书写（可匿名，可实名）

复习很有节奏，很精彩，课堂每分钟都利用起来。我个人认为，我还好！

——小何

复习课充满了斗志和干劲，考点个个新、准。但我有个小建议，可否在补充时，稍微慢一点儿，我书写有点慢。其他的，不管课上还是课下，你都做得很棒！

——初 2014 级 20 班　张梓杰

袁老师，我是"插班生"，初二下期才转到棠外的。来到这里，我才真正感受到了思品课的魅力。上复习课，由于之前没有接受过你的培训，所以有点难度、有些吃力。希望你能多帮助我，进度可否慢一点儿？

——小罗

评价三：初中阶段有没有令你印象深刻的课？如果有，请例举一例最深刻的

时间段：初三毕业会考前一天

评价方式：纸质书写（可匿名，可实名）

你的课，节节都精彩。其实，在我们入学时第一堂见面课就非常新颖，让我难忘。你利用《中国好声音》的方式，让我们在活动中"转身"，既好玩又懂得了不要因外貌而轻视他人，要学会欣赏、接纳他人。……

——你的粉丝

印象很深刻的是初一入学，您让我们设计班徽。小组同学共同合作，一起构思、画图、填图，设计了我们心目中的班徽。

——初 2014 级 20 班　李云扬

我记忆最深刻的是一节关于"男女正常交往"的课。上这节课前同学们都很紧张，不知道会怎样，毕竟我们正处于青春期，心中难免有些"小想法"。当你站在讲台上，第一句话就是让我们放轻松，这个话题不是洪水猛兽。没想到，一节课中与我们对话，让我们对"早恋"有了全新的认识，整堂课时不时哄堂大笑、时不时沉默不语、时不时引人深思……总之，这堂课改变了我们的爱情观，太厉害了！

——初 2014 级 2 班　陈雅婕

我很喜欢袁老师的复习课。袁老师的复习课，走出了基本的课本设定，从其他角度看思想品德学科，我学到了课本上没有的内容，受益匪浅。

——初 2014 级 20 班　吴熙育

印象中最深刻的是讲《公私之间》一课时，袁老师以"重庆钉子户"为背景，情节一个接一个相继出现、问题一个追加一个，让我们的注意力高度集中，每个小组成员都完全投入到课堂之中，辩论轰轰烈烈。最后，袁老师用理性的观念指引我们正确看待社会现象，让我难忘。

——小毕

《男生女生》一课让我改变爱情观；《法制：市场经济的护卫者》让我明白网约车合法化的过程，也更明白立法的重要性。

——初 2014 级 2 班　徐凡超

记忆最深刻的是《从众》那节课，你故意提前跟 10 多个同学约定水是甜

115

的。然后在课堂上故意让这 10 个同学以及其他两个同学来做示范，最后出现这两个同学也跟着说水是甜的的情况。这堂课真是让人难以忘怀。

——初 2014 级 20 班　李佳珈

老师主动在不同阶段向学生要评价，是尊重学生的体现，也是教师主动反思的举措。让学生敢于把心中的话表达出来。通过评价，我明白了什么样的思想品德教师受学生欢迎，明白了教学中需要改进的地方，明白了学生的需要。

笔者认为，教师主动向学生要评价，有利于让学生从内心中接纳、喜爱你，有利于建立温暖的师生关系，有利于教师通过学生评价全面、客观地正确分析自己，站在学生角度反思自己教学行为和师德行为，实现师生共同成长。

亲爱的老师们，让我们更新评价理念吧！其实，当我们真正从内心中接受学生的评价，我们的教育工作也就更容易开展了。

学生意外发言巧促教师课堂生成

　　课堂教学是动态变化的，具有一定的可预性和不可预性。华东师范大学叶澜教授认为："课堂应是向未知方向挺进的旅程，随时都有可能发现意外的通道和美丽的图景，而不是一切都必须遵循固定线路而没有激情的行程。"初中思想品德课是一门综合性很强的学科，具有开放性和探究性，教师不可按预设进行教学过程，那么，面对课堂意想不到的"意外"，教师应如何抓住"意外"促课堂生成呢？

　　2015 年 9 月 16 日上午，我在所任教的某班上思想品德课。内容是关于师生关系方面的，我没有按教材顺序进行讲解，而是重组了教材，更加符合学生的认知规律。为了更好地实现教学目标，我在选用素材方面下了许多功夫。比如选取了甘肃会宁县教师报考警察的案例，目的是以此案例作为背景，让学生在讨论中全面了解老师的工作性质。随后，我让学生结合案例以及生活体验谈谈"你认为这么多老师选择转行的原因是什么？"通过小组讨论，学生发言积极，总结了许多客观原因和现实原因，我一一罗列在黑板上。当师生共同交流完毕后，学生看着黑板上的种种原因都沉默了。显然，学生明白了老师工作的辛苦，逐步改变了对老师的看法。紧接我着谈道："老师工作有如此多的特点，教师也确实承受了很多压力，老师一心想要教育好自己的学生。然而，在师生相处过程中却出现了一些问题。"我展示了某省调查的师生关系的数据分析情况，通过数据分析，学生提出师生关系中的一些典型问题，如：师生关系麻木化和冷漠化、师生关系对立化和紧张化等。我顺势提道："从数据分析看出，目前，师生关系存在隔阂，你认为隔阂存在的原因是什么？"这时，有几个同学马上就举手想要表达了。然而，让我没想到的是，他们却讲出了童年的阴影。

　　学生 A（男生）：我在老家×××小学读四年级时，比较调皮，下课经常在走廊跑来跑去，与同学疯玩。有一次，快要上课了，我突然想去上厕所，就想快点去，以免迟到。刚到教室门口，班主任就把我给"逮"到了，很严厉地说道："又要追跑？回去！"我本想给老师说我想上厕所，但还没来得及说就被老师打断了。"不要解释，你肯定是又想说你怎么怎么，少来这套，回去上课。"当时，我很难过，一是我这次真的是想上厕所，不想迟到才匆匆去的；二是老师没有给我解释的机会。从此以后，我开始抵触班主任老师。我再也不喜欢她了……

学生B（女生）：我在老家×××小学读三年级时，由于班级同学经常乱扔垃圾，教室就有些脏。班主任很生气，就在班级里制定了一项"个人政策"，也就是发现谁乱扔垃圾，便罚款2元。很多同学都被"罚款"，我们不敢再乱扔，班级环境有所改进。但自从这项惩罚措施出来后，同学们对班主任都有了看法，大家心里都不太喜欢她了。

学生C（男生）：我在老家×××小学读六年级时，我和几个男同学比较调皮，经常不听话。有一次，班主任把我们叫到她的办公室进行批评教育。我们进了办公室，她又是拍桌子，又是大声吼我们。我们内心充满恐惧感，不敢抬头。批评结束后，桌子上面的一层玻璃都被她拍碎了。然而，班主任对我们说："我是教育你们，这玻璃才碎的，所以费用该由你们承担。"当时，虽然我们接受了"处罚"，但我们对这件事情是不服气的。现在回想起来，我们没有理由赔偿。

学生D（男生）：我在老家×××小学读五年级时，当时我们班有一个同学有一点精神问题，这是真实的。记得有一次下午放学打扫卫生，那个同学却跑了。班主任叫我去把他叫回来，我及时找到他。但没想到，他用一个直尺（好像是铁的）在我的脸上划了一下就跑了。当时我感觉有点疼，但不知道已经受伤。正好爸爸来接我，看到我脸上流血了，马上把我带到医院，还缝了两针。爸爸对班主任这样的做法非常不满，当时我心里也有些生气。因为我没有能力抓到他，还让他回来打扫卫生，但老师吩咐我去，我只能去。

……

由于课堂时间有限，只请了几个同学进行交流。以上四个是最为严重的典型事例。当时我听后心里很担忧这样的师生关系该如何化解。如果站在家长角度，会对老师的做法不理解，会找老师"交流"；如果站在学生的角度，可能也会不喜欢这样的老师。

我想先谈谈当时面对这样的课堂突发意外事例是如何引导的。首先，我肯定不能单纯说教，因为说教对学生来说是很敏感的，也是很排斥的。而且，随着学生年龄的增长，在面对这样的问题时，他们具有很强的辨别能力，看是否老师在枯燥地说教。我说道："在以上案例中，同学们发现没有，师生之间出现了问题，是一方还是双方都有责任？"学生回答道："都有责任。""都有责任，然而事情总是有因有果。你们觉得像A、B等同学所述的事件产生的根源在哪儿？"学生思索一下，其实这是内心在寻找问题的根源。"因，是学生不听话或没做好。""对了，因是由于学生不听话而造成。当然，老师在这些事情处理上确实也存在不足之处，比如制度的建立没有与学生共同商量、学生调皮老师不应动手打人、老师将玻璃打碎让学生赔偿等，这些方式方法肯定欠佳。"当时，学生用诧异的眼光看着我，十分安静。我想，他们心里可能在想："老师居然这样评价？"数秒之后，我说："同学们，老师的初衷肯定是好的，希望学生听话、遵守规则、文明休息，当看到学生没有做好时，老师很着急，采取的方式方法可能不对，但我们不能否认其中有老师的爱。你们觉得呢？"此时，大家没有之前那么抵触了，很多学生点点头。我紧接着说道："每个人都会犯错，老师也不例外，然而不管是老师还是学生，我们可以以最宽广的胸怀去理解、宽容和包容。我想，这些老师随着年龄的增长，也在不断反思自己的过错。而我们，是否也可以放下呢？另外，如果之前遇到一些问题时，我们可以采取更好的方式与老师沟通，或许就不会是这样的结局。如果以后，在一些问题上与老师之间存在差异、矛盾等，你会怎么做呢？"学生讨论，然后谈到了很多有效的方法。我及时对大家给予了肯定。当然我还是很客观地说，"学生需要改变方法，但老师也应该提升自身素养，采取有效方式，耐心教育和引导学生，这是相互的。"大家纷纷点头，表示认可。

下课铃声响了，大家都觉得时间过得太快了。回到办公室，我心想，一周只有两节思想品德课，我能解决多少问题呢？我不敢说，但我希望能对学生价值观有所影响。下节课，我还将继续给同学们讲"老师"这一课，与他们分享优秀乡村教师的先进事迹，让他们看到人类灵魂的工程师的伟大，希望他们也能将火种传递。

课后，我陷入深思。或许我今天正确引导了学生，然而学生口中提及的那些老师他们知道自己在学生心目中的形象吗？老师，你可知道，你以前的所谓的爱，却给孩子的童年留下了阴影。孩子无法做到的，存在安全隐患的，你应慎重考虑；孩子下课打闹，这是孩子天性，你可以采取有效教育方法引导；教室垃圾多，你可以开展主题班会，以身示范，与学生一起打扫卫生，创造干净温暖的教室……这样，师生关系也就不会这样的冷漠与紧张了。

因此，老师需要不断学习，才能更好地适应现代教育，才能将最简单的道理呈现出来；老师需要修身养性，才能更好地调控自己的情绪，不至于与学生产生对立、恶化师生关系；老师需要宽容，面对不听话的孩子，多一些宽容，多一些耐心，相信一定能融化孩子的心灵。

这节课，我仍然很勇敢面对课堂意外，抓住意外，挖掘意外之中的契机，认真聆听学生内心的声音，站在公正的立场，适时介入、及时点拨、延时关注，实现课堂教学动态生成，并做好课后情感态度价值观观察。作为思想品德教师，这是真正做好学生思想工作，解决学生内心情感与心理问题的干预。

其实，看似我帮助了学生，但其实是学生无形中帮我成长，让我明白了我该如何走教育之路。我想，我会不断提升自己的素养，做一名受学生喜爱的思想品德教师，做一名学生喜爱的班主任。

开学第一课　上出我特色

新学期，新展望，新开始。作为科任教师，除了上好常态课、公开课外，更要上好两课：新班新学期第一课和老班新学期第一课。作为科任教师要明白，开学第一课是整个学期的开端和基础，是教师教学工作中必不可少的一课，它关系到一学期的整个教学感情基调，也关系到整个学期的目标与展望。

不同时期的第一课内容具有阶段性和侧重性，对学生在教育和教学上有着不同的引领作用。而下学期，属于老班新学期，教师和学生彼此已经相互认识和了解，"聪明"的老师不会第一堂课就开始上新课或评讲试卷，也不是一节课都分析上学期期末成绩。新学期的开学第一课师生应该是互动的、温暖的，具有教师人文情怀的关心和点拨。笔者在一线教学中，结合"三情"（校情、班情、学情）和学生认知规律，提出以下操作效果较好的几个角度与大家分享，以期同行参考。

说一说——分享假期趣闻趣事

分享，是一种积极心态，更是一种自我提升的有效方式。每学年度的下学期开学前是寒假，学生可以分享寒假期间所见所闻，可以是发生在自己身边的或看到的各种趣事或社会大事，这些事情都来源于学生生活实际，这样既落实了"以生为本"的教育理念，更让更多的孩子有话可说，无形之中让课堂变得轻松，缓解了学生们的紧张心理。

"寒假中，我和家人第一次在国外过年，我们感受了外国的文化，比如他们的服饰、生活习惯、宗教信仰、国家制度及语言文化，真正明白了需要多走出去才能拓宽自己的视野""今年春节，我第一次将手机关闭，陪爷爷奶奶等长辈们好好吃一次年夜饭，我不想再让他们看到我不懂事，我要学会珍惜每次的团聚。这也是袁老师在课堂中和我们上的'亲情'一课让我真正懂得的道理""寒假，我给自己制订了运动的计划。我觉得身体最重要，而且我的体育成绩也不太理想，我希望新学期在这方面能有所提升""我学会了几个家常菜，懂得了如何买新鲜蔬菜、如何切菜、如何调味等，家人们对我的这点进步给予了很高的评价，希望有机会我能给大家展示一下"……就这样，通过学生畅所欲言的分享，教师智慧地抓住了学生开学的"兴奋"与"想说"的心理特点，给了学生表达和述说的机会，这样让学生在分享中调整自己。同时，教师更要借助学生同辈群体的分享而抓住教育契机，对学生所谈到的内容给予一定的点评，让学生们明白假期可以更加丰富多彩。

玩一玩——游戏中寓教于乐

我国著名教育家陈鹤琴曾说："小孩子生来是好动的，是以游戏为生命的。"可见，游戏是学生比较喜爱的活动，自然学生也乐意参与其中。游戏扩大了学生的参与面，有助于缓解学生之间长时间未见面的"交际困难感"，也有助于激发学生的学习兴趣。

近几年中，我采用了很多适合学生玩的游戏。比如初一下期时，我采用了"找零钱"游戏，把全班分为 4 个组，男女混合组成小组。每组中的男生代表一元钱，女生代表五角钱，由主持人根据要求说出不同价格，必须由男女组合才算通过，未组合成功的视为失败，对于每个小组最后成功的同学给予物质奖励（一般为作业本、笔等）。该游戏是为了让男女同学明白，男女之间交往，只要方式恰当、符合规范都是正常的；同时也为了让每个同学感受到自己在集体中的价值感和存在感，进而有班级归属感；初二下期，我与学生玩了"闭眼写字"游戏，每个同学坐在自己的座位上，拿出一张纸、一支笔，然后闭上眼睛，在我的指令下书写要求的文字，比如"我爱爸妈，我也爱自己"。当学生写完后，统一睁开眼睛，然后看自己在黑暗中所写的这几个字。接着，我对学生进行采访：闭着眼睛看不见有何感觉？你书写得如何？通过这个游戏，目的是让学生学会珍爱生命，珍惜每一天。将德育渗透在游戏之中，可以促进学生更加了解游戏背后的内涵，具有很强的科学性、针对性和时效性。

荐一荐——与好书共成长

歌德曾说："读一本好书，就是和一位品德高尚的人谈话。"不管对于成年人还是学生来说，读书都是很好的一种心灵净化的方式。"多读书，读好书，好读书"，这是我一直奉行和坚持的读书理念。教师和学生都可以推荐好书，一般一学期推荐 1~2 本为宜，比如我在不同时期给学生推荐了以下书籍。

初一第一学期第一课中，我给学生推荐了一本名叫《学会自己长大》的书。主要是基于学生从小学升入初中，同时我校也是寄宿制学校，为了能够更好地引导学生学会独立、自主，同时教会学生处理好个人情绪，与他人之间和谐相处，养成良好的学习与行为习惯等，这本书确实是一本比较贴切的书籍。它用最朴素的语言，以平等的沟通方式，运用心理学智慧、诙谐的与学生进行心灵对话，帮助学生解决成长中的无法避开的七类问题，是帮助学生进行自我教育和自我反思的成长助手。到了初三下期，随着学生即将毕业，有的读高中，有的读职高，还有的可能就踏入社会。但不管属于哪种情况，作为思想品德教师，需要教会学生有担当、品格高尚、为人正直，这也是关注学生未来的发展，对学生和家长负责的体现。于是，我给学生推荐了一本全球销量上亿册的书《把信送给加西亚》。这是一本属于成功学的励志书籍，它讲述了一个年轻中尉罗文送信的传奇故事。罗文不讲任何条件，在没有任何护卫的情况下独自徒步远行，历经各种困难，走过战乱的国家，成功将这封信交给了加西亚。阅读本书，有助于学生培养勇敢的品质和敬业精神，真正发挥自己的价值。

科任教师每学期给学生推荐 1~2 本有益的好书，是让学生交了 1~2 个朋友。每个学生都不可能完美，总会有一些迷茫、一些瑕疵和一些遗憾，但当学生静下心来读书时，会有很多的感悟。读书让学生变得更有思想和修养，感受世界的不同，丰富了课余生活。

总之，作为科任教师不要仅仅关注学生的学习成绩，还要关注学生的成长。开学第一课对师生来说都是非常重要的一课，需要教师采取不同的形式让学生感受到新学期是一个新开始，让学生通过"说一说""玩一玩""荐一荐"等丰富多彩的活动，实现学生的自我教育、自我激励和自我规划，让学生对新一学期产生新的希望和展望。作为教师，我们有这样的责任，我们需要努力不断创新各种途径上好开学第一课，这样我们的教育教学也才会有更好的效果。

让学生成为专题复习课的主角

专题复习，是指师生围绕教材某个章节知识、社会热点和专项训练等进行的专题教学方法。初中思想品德学科是一门综合性学科，具有很强的思想性、人文性、实践性和综合性。在成都市及其他省市中考试题中，我们发现，思想品德试题基本都是围绕时政热点设计和展开的，要求结合教材相关知识进行分析，要求学生将教材理论与情境相结合，考察学生分析、运用和归纳的能力。

在成都市中考中，思想品德学科是开卷考试，既给老师们提出了高标准要求，也给了老师们更大的发挥空间。这就要求初中思想品德教师要全面和深刻理解开卷考试要求，解决"怎么教"和"怎么练"的问题。

以往，特别是在初三下期复习过程中，由于时间紧、内容多、任务重，一般情况下教师是专题复习的主要策划者，包括选取热点、罗列知识点和捕捉考点，学生成了专题复习的"受益者"。而这样的复习方式下，学生被动接受，大大限制了学生的主动性和参与性，难免考得好、忘得快。

笔者在2014年开始探索，以初2011级大胆尝试，取得了较好的教学效果。于是，继续以初2014级一些班级试点改革，真正意义上让学生作为专题复习的策划者和实施者，最终实现年级共享复习资源。具体操作流程如下：

初中思想品德课专题复习学生实施方案

一、设计研究背景

初中思想品德课内容较为抽象，理论知识在初二、初三较多，在中考试题中常以热点为背景出题考察教材内容。为充分发挥每位同学的主动性和创造性，开发同学们的思维，提高大家观察、捕捉、分析、运用和归纳问题的能力，聚集众人智慧，共享研究成果，实现共同成长。

二、研究目标

1. 培养同学们积极关注社会热点的意识，主动融入社会和关注社会发展。

2. 通过研究热点问题，从中找出教材知识要点，将社会热点与教材知识点相结合，提高解读热点和运用教材的能力。

3. 学会站在命题者角度思考命题方式，掌握重要概念、内容和方法后可以更好解答并顺利拿到分数。

三、研究方式

1. 小组合作：选取热点话题，共同查找相关知识点和命制试题。

2. 个人方式

四、研究媒介

1. 报纸（学校相关橱窗）

2. 电视

3. 网络

4. 杂志

五、研究时间

1. 平时简要记录重大事件，周末在家查阅、梳理，小组可以网络教研。

2. 平日上学读书期间相互探讨。

六、研究步骤

第一阶段：教师指导阶段。

教师选取一个热点，从选取原因、材料筛选、知识罗列、试题命制等方面培训，给学生做全程培训和指导工作。

第二阶段：师生共同讨论阶段。

学生和老师共同提出近期的热点，选取其中一个特别典型的话题，师生共同讨论、研究和整理。学生在教师指导下着手开始尝试，从尝试中改进、完善。

第三阶段：实践探索阶段。

根据热点事件的热度、时间和多与少的情况，可以一组先开始或者两组同时进行，尽可能选取比较有代表性的热点。这样，学生自主选题、搜集、讨论、制作、展示和完善，形成较为有意义、有价值的专题复习。

下面，笔者以初 2014 级为例，以热点"基本经济制度""共享单车"和"经济全球化"为例展示研究成果。

研究成果一：

研究说明：由于专题内容较为抽象、较难，采取教师筛选材料，组织学生共同探究方式进行。另外，以成都市 2014—2016 年中考相关试题为研究背景，制定考点分布图，做到心中有数，突破重难点和考点。

热点专题一　坚持和完善基本经济制度

【热点扫描】

材料一：李克强总理在《政府工作报告》中指出，要更好激发非公有制经济活力。深入落实支持非公有制经济发展的政策措施。加快构建新型政商关系。鼓励非公有制企业参与国有企业改革。坚持权利平等、机会平等、规则平等，进一步放宽非公有制经济市场准入。

材料二：全国国有企业改革座谈会于 2016 年 7 月 4 日在京召开。习近平作出重要指示强调，国有企业是壮大国家综合实力、保障人民共同利益的重要力量，必须理直气壮做强做优做大，不断增强活力、影响力、抗风险能力，实现国有资产保值增值。

材料三：习近平在黑龙江考察调研时强调，振兴东北地区等老工业基地是国家的一个重大战略。老工业基地要抢抓机遇、奋发有为，贯彻新发展理念，深化改革开放，优化发展环境，激发创新活力，扬长避短、扬长克短、扬长补短，闯出一条新形势下老工业基地振兴发展新路。习近平强调，黑龙江转方式调结构任务艰巨，要着力优化产业结构，改造升级"老字号"，深度开发"原字号"，培育壮大"新字号"，毫不动摇坚持公有制经济主体地位、国有经济主导作用，同时毫不动摇鼓励、支持、引导非公有制经济发展。

【重点问题】

命题角度一：

问法一：结合材料一，从我国基本经济制度的角度，简要分析说明我国鼓励非公有制企业参与国有企业改革的理由。

问法二：结合材料一，从我国基本经济制度的角度，说明坚持"三个平等"（即权利平等、机会平等、规则平等）的重要意义。

参考答案：①我国的基本经济制度是以公有制为主体、多种所有制经济共同发展。

②有利于弥补公有制经济的不足，更好地发挥非公有制经济的作用，完善我国基本经济制度。

③有利于促进改革开放和社会主义市场经济的发展，充分调动社会各方面的积极性，稳定经济增长。

④有利于进一步发展我国社会的生产力，增强我国市场经济发展的活力，提高人民生活水平。

⑤有利于大众创业、万众创新，稳增长，促就业，惠民生。

命题角度二：结合材料二，从我国基本经济制度的角度，分析说明为什么要深化国企改革?

参考答案:① 我国坚持以公有制为主体,多种所有制经济共同发展的基本经济制度。深化国企改革有利于坚持和完善我国的基本经济制度。

② 国有经济属于公有制经济,是国民经济的主导,关系国民经济命脉。

③ 发展壮大国有经济对于发挥社会主义制度的优越性,增强我国的经济实力、国防实力和民族凝聚力,具有关键性作用。

④ 深化国企改革有利于进一步发展我国生产力,推动我国社会主义市场经济的持续发展。

命题角度三:

问法一:结合材料三,从基本经济制度的角度,分析说明振兴东北老工业基地中如何改造升级"老字号",深度开发"原字号",培育壮大"新字号"?

问法二:结合材料三,从基本经济制度的角度,分析说明怎样振兴东北地区等老工业基地?

参考答案:① 我国社会主义初级阶段的基本经济制度是以公有制为主体、多种所有制经济共同发展,需继续坚持和完善。

② 充分发挥生产要素作用,让创造财富源泉充分涌流。

③ 促进改革和社会主义市场经济的发展,充分调动社会各方面的积极性,稳定经济增长。

④ 鼓励大众创业,万众创新,调整产业结构,调动社会各阶层的积极性。

对比 2017 年成都市中考试题发现,师生共同探究的专题"坚持和完善基本经济制度"在中考试题中出现,且与命题角度三问法一相似。学生考完后非常兴奋,与研究成果相似,极大地鼓舞了学生和老师。

研究成果二:

热点专题二 聚焦共享单车

研究时间:中考前一周

研究说明:学生自主搜集、整理、归纳

研究方式:

1. 网络搜集相关素材

2. 以共享单车为考试背景命制试题

3. 研究 2014—2016 年成都市中考试题

4. 可以小组组队,也可以个人操作

呈现方式:

——青年思想品德教师的专业之路

1. 可以是材料与试题形式（常规）
2. 可以是思维导图形式（新颖）

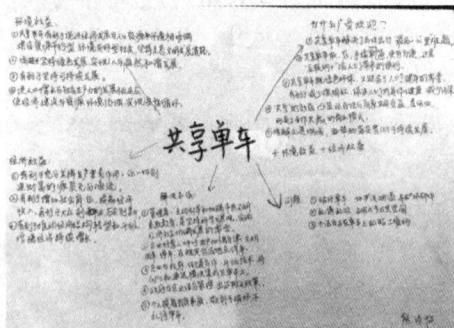

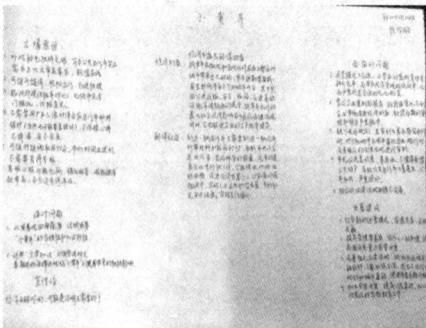

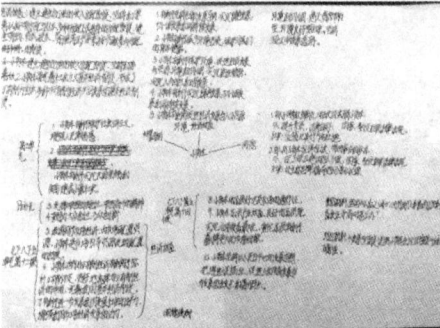

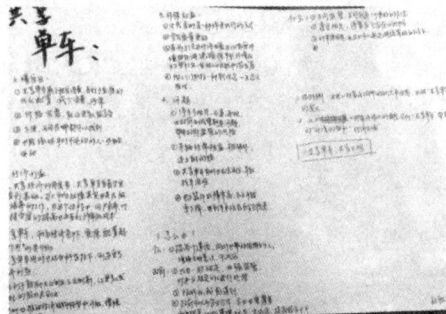

学生成果展示：

通过学生成果展示可以看出，学生思路清晰，聚焦点新颖。主要从"共享单车火爆的原因""现阶段发展规模和发展中的问题"以及"如何解决当前问题"三条主线分析，结合初中教材，将热点与知识要点融合。

例1：学生结合2016年成都市中考试题29题"新能源带来的经济效益和环境效益"一题，对共享单车命制了如下问题。

命题角度一：结合材料，从发展观角度，分析发展共享单车所带来的经济效益、社会效益和环境效益。

参考答案：

经济效益：① 有利于坚持创新发展导向，实现绿色发展、协调发展和可持续发展；② 提高共享单车利用率，优化资源配置；③ 引导消费者树立绿色消费观，降低出行成本；④ 发展共享单车有利于促进传统产业优化升级，转变企业发展方式，为经济发展提供新动力；⑤ 有利于带动相关产业发展，扩大就业规模。

社会效益：① 方便人们出行；② 缓解交通压力；③ 保护环境，推进生态文明建设。

环境效益：① 有利于减少排放、保护环境，有利于人与自然的和谐发展；② 有利于绿色发展和人们身体健康，走可持续发展之路；③ 有利于建设资源节约型、环境友好型社会，实现生态文明健康发展；④ 有利于践行科学发展观，增强人们保护环境的意识。

（说明：学生命制试题后，在商讨答案的过程中，教师给予了指导和帮助。）

例 2：学生纵观近几年中考试题发现，在八年级下册二单元《公共利益》都未出现主观题。学生及时向我请教，我谈道："2011 年中考题中以成都市地铁票价的制订和执行背景为材料，考察了以正确理解公共利益和个人利益的关系谈有益的启示。但近几年中考主观题中并未涉及如何维护公共利益。"学生通过查找相关资料，发现成都市政府就共享单车规范共享问题发布了《成都市关于鼓励共享单车发展的试行意见》。于是，学生命制了如下问题。

命题角度二：结合成都市政府发布的试行意见，运用《公共利益》相关知识，谈谈你的理解和认识。

参考答案：① 公共利益和个人利益相互依赖，相互包含。公共利益的实现是个人利益实现的有力保障。

② 公共利益实现得越多，内容越丰富，个人利益的实现也就越充分。

③ 维护公共利益是全社会成员共同的责任。公共利益不可能自动实现，它需要道德的约束、法律的调节和制度的保障。

④ 政府是公共利益的最大提供者和守护者。法规的出台就是通过立法的形式来履行维护公共利益的职责。

例 3：学生探究如何解决当前共享单车的问题，试图从各个角度提出自己的看法。这样让学生积极主动参与社会生活，培养和增强社会责任感，做有道德、守规则的中学生。

命题角度三：结合所学知识，探究如何促进共享单车的健康发展。（提示：可从国家、个人及共享单车企业角度）

参考答案：

国家角度：① 应制定和完善相关的法律法规，为共享单车的健康发展提供法制保障。

② 政府应依法行政，积极履行各项职能，加强共享单车的配套设施建设，加强和改善相关的管理和服务，加大宣传力度，引导人们文明使用共享单车。

③ 对使用共享单车中的违法犯罪行为应坚决依法惩处。

个人角度：

公民要增强法治意识，使用共享单车时必须坚持权利和义务相统一的原则。

共享单车企业角度：

① 加大管理，提高单车质量和服务质量。

② 加大科技投入，创新使用方式和监管方式。

例4：为了让更多的人重视共享单车的问题，共同解决当前问题，学生提出拟定几条宣传语，增强大家的环保意识。

命题角度四：面对共享单车的问题，为提高人们的素质，请你拟定两条宣传语。

例如：共享单车　共享文明

参考答案：

共享骑行快乐　共建绿色成都

爱护小黄车　全靠你我他

（言之有理都可得分）

虽然在2017年中考试题中并未直接出现共享单车相关试题，但通过对比，我们有以下收获：其一，预测中关于共享单车带来的环境效益，在2017年主观题25题中比较相关（25题主要考察了生态文明方面的知识）；其二，以往成都市中考试题中并未出现类似践行口号方面的试题，在今年试题中出现了两个小问题，即25题第二小问和29题第三小问。其实，学生在这个专题中更大的收获是学会积极关注社会、关注生活，在交流探究中端正态度，并在生活中积极实践，真正体现了学科核心素养和社会主义核心价值观内容。

研究成果三：

热点专题三　经济全球化

研究表明：经济全球化在初中思想品德教材和初中历史教材中都从不同角度探究过，且2017年有关经济全球化的话题不断。学生捕捉到这个热点，极有其可能在两个学科的考试题中出现。于是，学生与历史老师站在历史角度分析了经济全球化。同时，学生结合热点，站在思想品德学科角度命制了试题。

【热点扫描】

2017 年 1 月 17 日，国家主席习近平在达沃斯国际会议中心出席世界经济论坛 2017 年年会开幕式，并发表题为《共担时代责任 共促全球发展》的主题演讲，强调要坚定不移地推进经济全球化，引导好经济全球化走向，打造富有活力的增长模式、开放共赢的合作模式、公正合理的治理模式、平衡普惠的发展模式，牢固树立人类命运共同体意识，共同担当，同舟共济，共促全球发展。习近平主席强调，当前，世界经济领域三大突出矛盾没有得到有效解决。全球增长动能不足，难以支撑世界经济持续稳定增长；全球经济治理滞后，难以适应世界经济新变化；全球发展失衡，难以满足人们对美好生活的期待。为此，我们一要坚持创新驱动，打造富有活力的增长模式。二要坚持协同联动，打造开放共赢的合作模式。三要坚持与时俱进，打造公正合理的治理模式。四要坚持公平包容，打造平衡普惠的发展模式。只要我们牢固树立人类命运共同体意识，携手努力、共同担当，同舟共济、共渡难关，就一定能够让世界更美好、让人民更幸福。

【重点问题】

结合材料，从发展与开放的角度，谈谈中国坚定不移推进经济全球化的必要性。

参考答案：1. 和平与发展是当今时代的两大主题，坚定不移推进经济全球化是顺应经济全球化趋势的正确选择。

2. 经济全球化是世界经济发展的基本趋势。坚定不移推进经济全球化是主动加强合作、促进发展的典范，是基于世界经济已形成"你中有我、我中有你"的相互影响、相互依存的局面，有利于消除世界贫困、共同发展。

3. 我国坚持对外开放的基本国策，提高开放型经济发展水平。坚定不移推进经济全球化体现了我国开放发展的理念，是我国积极主动深化对外开放、加强经济合作、适应和融入全球化经济的体现，有利于加强与其他国家的经济联系，促进"引进来"与"走出去"更好地结合，推动彼此之间的合作，实现互利共赢。

4. 引导好经济全球化走向，有利于创新经济增长方式，为世界经济注入新的动力，更好实现各国共赢、平等、公平、共存的经济全球化，促进了生产要素在全球范围内的流动、国际分工水平的提高、各国生产力发展，为各国经济提供了更加广阔的发展空间。

中考结束后，我们对比了中考试卷，发现主观试题 30 题第 1 小问，"站在经济全球化角度考察'一带一路'实行'五通'的重要意义"，答案颇为相似（我们在专题"一带一路"中也谈到了这个问题，在"一带一路"专题中也有相关问题）。

通过近年来的教学研究，笔者认为不仅要在专题复习中关注热点，也要在平日教学中关注热点。学生的能力不是一天两天可以培养出来的，需要从起始阶段就有意识地培养和指导。要进行专题复习，不可将以上经验拿来就用，需要注意：学生具备一定的知识，较为熟悉教材，没有知识作为铺垫，这种高能力的学生专题复习方式无法开展；在平日的教学中，教师要有意识地培养学生关注热点、捕捉信息、分析试题等方面的能力，给予常态化、科学化的指导。这样，才能更好地将热点问题与教材相辅相成，提高复习效率，实现教学效益。

学生眼中的教材

教材是供教学用的资料，我们这里探讨的是教科书。教科书的编写凝聚了广大编写者的智慧，它是学生学习知识的主要材料，是教师进行教学的主要内容。然而，教材的编写、修订需要细致的斟酌，需要严格的审核程序，还需要印刷、发行。

为了能更好地了解学生对教材的认识情况，提高学生敢于质疑教材和提出问题的能力，培养学生从"死学"到"活学"的意识，在初 2014 级 2 班和初 2014 级 20 班中展开了一次"我眼中的教材"调查活动。下面，让我们一起来看看部分同学眼中的教材。

教材上的图片应与时俱进，潮流化一些。（侯兰西）

时代感不强，离学生生活实际太远，读起来没有太深刻的感触，希望能及时更新素材。（熊诗怡）

教材内容过于陈旧，可否及时更新适应社会发展？（瞿旭辉怡）

教材中的一些情境和事例，很多都是很久之前的事情，看着这些故事感觉很有年代感。如果教材能更接近中学生，紧贴当前时事政治，或许更多的学生会喜欢看教科书，激发大家的兴趣。（陈柏羽）

教材内容重复较多，这样安排不太恰当。（吴欣遥）

初中思想品德教材中关于国外政党的相关资料比较少，其实可以增加，让我们多了解世界其他国家政党的建设。（李易斯杰）

纵观初中思想品德五本教材，作为学生想提出一个建议。初一上下册和初二上册更多是心理和品德教育，初二下册和初三更多是理论化的政治、经济、文化等方面的知识。这样的"搭配"是否适合？作为学生，我感觉初三内容多、难度大，很多特殊政治名词，如果将这些内容分配一些到在初一、

初二的教材中，那么我们学起来也不会那么吃力。（刘锡蒙）

教材要及时更新，话题要有思辨性。（周德俊树）

教材重要内容没有及时跟上时代发展步伐，基本都是靠老师补充。（唐怡）

一次跨越教学内容的课堂调查，是教师了解学生对教材认知的智慧体现。通过学生对教材问题的提出，培养学生研究型思维意识，敢于向"权威"提出自己的意见。同时，这也让教师更加明白学生"想什么""怎么看""要什么"的三个重要学生观，也更加明白如何更好地弥补教材在某些方面存在的滞后。正如初 2014 级 2 班陈天宇谈道："教材内容比较落后，内容老套，很大程度上需要老师给我们在课堂中多讲一些最新的内容，学习相关知识。"

结合学生调查，为了弥补和改变这样的情况，我在学生学习方式和教师教学行为方面做了改进。

学生方面：

1. 读一读、看一看、记一记

为了让学生能更快、更好地了解国内外大事，教师与学生共同寻找"了解途径"。比如：学校行政楼一楼有新闻橱窗，报纸每天都会更新，有《中国教育报》《华西都市报》《成都商报》等；学校给初中部每个班级每学期都订阅了《看天下》《中国国家地理》《看历史》杂志，学生可以从多角度了解世界、了解中国、了解成都；在每周的信息技术课中可以浏览主流媒体的相关网页，查看国内外大事。学生将比较重要或自己感兴趣的新闻摘抄主干内容，为时事播报、师生交流做好知识储备。

2. 说一说、议一议、考一考

学生通过各种途径了解信息后，要做好相继交流的准备。以国内外的政治事件、时政热点为主题，可以通过纸质、课件形式展示，但建议最好是课件，这样既形象又生动。另外，学生要从热点中找考点，学会从热点中命制试题，培养学生洞察时事的敏锐性和分析时政的科学性。每位同学都有机会上台展示，每个学生都能成为课前主播，提高自己的语言表达能力和分析运用能力。

3. 动一动、画一画、展一展

结合以上交流情况，在合适的时间，组合学生播报热点，通过组团形式共同完成手抄报，张贴在班级文化墙。另外，我在初 2014 级 2 班中，结合重要节日、重要事件及学校政教处规定的主题内容找契合点，与学生共同设计手抄报。

教师方面：

1. 养成每日阅读新闻半小时习惯

教师是学生的榜样，要让学生爱上阅读，教师就要做好表率。课余时间，看看专业杂志和报纸，看看主流媒体和微信公众号的相关信息。这样，也有助于开阔视野，提升专业素养。

2. 建立主题教学资源库文件夹

优秀的教师一辈子都在备课，备课需要教学素材，教学素材来自平日的积累。为了能更好地做好教学工作，教师要做一个有心人，建立教学主题资源库。笔者建立教学资源库的具体做法是：首先，在电脑上建一个文件夹，取名为"初中思想品德教学素材资源库"；其次，在这个文件夹内再建立多个文件夹；最后，在具体的主题中再建立两个文件夹（分为视频和文字资料）。

思想品德教师建立资源库时可以以初中教材为主，提炼单独或类似的主题。下面列举部分，供大家参考。

01 爱校爱国	02 学习方法	03 四种保护	04 诚信教育	05 法制教育	06 感恩互助
07 一国两制	08 自律自省	09 外交政策	10 平等公平	11 走进社区	12 交往技巧
13 心理健康	14 环境教育	15 经济建设	16 财富创造	17 民族团结	18 文化艺术

资源库的建立有利于弥补教材素材滞后的缺陷，有利于及时补充和完善知识要点，更有利于贴近学生生活实际，使得学生能快速进入课堂情景，及时了解时事热点，感受时代的变化。

通过开展"学生眼中的教材"调查活动，我更加明白了该如何备课、如何选取资源和如何做有心人。正如蒲筱怡同学所说："我从不担心我的成绩会考差，因为有你！您是一名很优秀的教师，喜欢您上课的方式，您的课让人感觉很开心、很充实。你的每一节课，都走出了教材，教会我如何在现实社会中运用。"程烨璐同学也这样说道："我不喜欢老师按书本内容一步步上课，而是应向您一样将课本与生活结合，有自己独特的见解而不是照本宣科，这才是思想品德课应带给我们的。"

老师们，改变一下教学方式，多一些教学智慧，你的课堂会更有活力！

《中国好声音》对初中思想品德课教学的启示

意大利物理学家、天文学家伽利略说过，"一切推理都必须从观察与实验中得来"。罗曼·罗兰曾说，"应当细心地观察，为的是理解；应当努力地理解，为的是行动。"作为教师，应具有"教学敏感性"，学会观察和反思，从生活中寻找教育智慧，在具体教学中采取机智、艺术的教学活动使教育教学更有意义。

2014 年 7 月 18 日，第三季大型励志专业音乐节目《中国好声音》拉开帷幕。该节目坚持公平、公正、公开的态度，声音仍是评判的唯一标准，学员以声音征服导师。节目努力挖掘草根与专业沉寂中的好声音，改变了发掘音乐人才的方式，重新燃起了许多有梦想的音乐人心中的热情。笔者与同行在 2012 年就该节目写了一篇《以人为本——〈中国好声音〉给班级管理的启示》，并发表在《思想政治课教学》（2012 年 12 期），引起了极大关注，得到了许多读者与专家的高度认可。"好声音"第三季完美落幕，笔者就三季节目的录制播放情况谈谈它对思想品德课教学工作的启发。

一、改革教学评价方式，以常态评价促教学质量

在第三季好声音中，那英、汪峰、齐秦、杨坤四位导师个性鲜明，风格各异，每位导师的阵营可谓全面跨越，使得节目更具新意，更有看头。当你的声音足以震撼导师的内心，导师将为你转身，选手可对转身的导师进行选择。如今，教师教学质量评价常态化，一般在每学期末，通过学生打分来评价教师各方面的综合素质，学校将其作为考核教师的重要依据。然而这种评价导致教师不能及时倾听沉默的声音，具有滞后性，还可能造成师生之间关系紧张。

著名心理学家江绍伦说："教学是一个涉及教师和学生在理性与情绪两方面的动态的人际过程。"在教学过程中，学生是课堂的主体，谁越尊重受教育者，谁就能越受爱戴和拥护。为改变固有的评价方式，教师必须转变观念，

以生为本，富有创新意识，把话语权和主动权还给学生。另外，教师还需要真诚且虚心地倾听和接纳学生的意见，了解学生的思想变化，走进学生的内心世界。第二季好声音期间，由于学校安排，九月开学之初新增一个班的教学工作。我在两个班中做了一个实验，第一个班是原授课班级，在开学第一堂课中我提前让科代表组织学生背对讲台，让学生扮演导师，教师扮演学员。站上讲台，我对学生说道："如果你对我所讲的内容表示接受或满意，请你为我转身。"这下班级炸开了锅，学生顿时兴趣盎然，欢声雀跃，积极地投入到课堂教学中。本节课讲《正确认识自我》，我给同学们绘声绘色地讲了自己的成长历程，因为我表达清晰、思维缜密，不到一分钟，班级百分之四十的同学为我转身，还不时鼓掌、欢呼，在第三分钟时，全班同学全部转身，个别学生还自主地起立鼓掌。在第二个新接手班级实践中，大部分学生被我新颖的教学方式吸引，在较短的时间内转身，但到最后还是有两人没有转身，这既为我正常开展教学工作奠定了基础，也为我进一步了解学生提供了条件。尔后，我与他俩通过QQ、面对面交流的方式交换意见，融洽了师生关系，增进了师生情谊。这样寓教于乐的教学方式，充分尊重每一个学生的评价权利，倾听每一个人内心真实的声音，既能让学生充分表达心声，也让教师善于接受意见，创建了和谐的课堂教学氛围，进一步让教师不断地反思、改进和完善教学方式，进而有效提高教学质量，与学生建立民主、平等、和谐、温暖的师生关系，师生共同成长。正如《中国好声音》制作总监陆伟说："《中国好声音》不是独立的音符，是音符后面一个个人。"

二、明确人生目标与梦想，成为学生成长引路人

导师汪峰在每位学员唱完歌曲后，都会问同样一个问题"你的梦想是什么？你来到这里为了什么？"纵观学员的回答，有的目标明确，有的茫无目标。正所谓目标成就人生，没有目标就没有明确的努力方向。很多人具有潜力和实力，但因缺乏目标或目标大而空，不能对自己充分认识和全面剖析，离梦想越来越远。好声音实行的是导师制，而非评委制，明星们放下了"身段"，这样大大减轻了学员的压力，缩短了导师与学员的心理距离，无形中更好实现了二者的有效互动与情感共鸣。第三季中那英曾说："最后的成功不属于我们导师，而属于下一个'中国好声音'。"导师是学员的伯乐，导师的每一句话都可能影响学员的未来，帮助学员成长是导师的责任。

第二季学员姚贝娜说："我来到这里是为了展示我的个性，让大家能喜欢

我的歌声",第三季学员崔忠华说:"当一名歌手一直是我儿时的梦想。"当导师听到学员的梦想后,都给予了莫大的鼓励和支持,让学员守住最初的梦想,努力追寻梦想。思想品德教师承担着为祖国培养接班人的伟大责任,因此,应根据学生的生理与心理发育特点、认知结构、情感发展的水平等制订不同成长规划,在不同的时期引导学生,循序渐进为目标努力。初一倾向于引导学生适应学习,摸索适合自己的学习方法,蜕变成真正的初中生;初二倾向于调整学生的学习节奏,引导其掌握有效的学习方法,做一个努力且能奋斗的学生;初三倾向于引领学生制订学业规划,并能坚持到底、不留遗憾,帮助学生实现不同的梦想。如初三下半期讲授《理想与现实》一课时,我都会与学生共同交流"学生初三毕业的目标是什么?你目前的困难是什么?如何实现你的目标?"大部分学生都会说考上理想的高中,但也有同学这样说道,"这一年我要更加刻苦钻研画画,考上艺体高中""我要读喜欢的汽车专业,读职高""我要学好英语,争取到国外读书"……三百六十行,行行出状元,实现成功的途径多种多样,为何我们必须走"独木桥"呢?新课程改革指出,实现学生多元化发展,做合格公民。每个人的家庭环境、性格、爱好、学业成绩不同,教师应给予正确的引导,适时引导学生调整目标,避免学生走弯路,朝着正确的方向而努力。教育,不仅仅要"育人",还要"善教"。唯有这样,我们的学生才能更加清晰地认识自我和完善自我,进一步实现成功,真正适应社会。

三、实行师生双向导师制,全面互动促成功

三季《中国好声音》导师阵容强大,个性鲜明,所带学员大多有很好的发展。节目成功的核心在于导师与学员目标一致,导师集所有能量、智慧和资源打造学员,助推学员跨越音乐类型界别,成为多曲风、多元素的全能艺人。一线教学中,很多教师不善于运用学生资源,学生的积极性未被调动,助人奉献意识未被培养,最终导致教师教学成效不佳。

为充分发挥学生的主观能动性,培养学生助人为乐的奉献精神,我班成立了"好辅导团队",我担任总监及导师,挑选全面发展且具有奉献精神的优秀学生为导师,在导师会议中阐明实施导师制的原因、做法和预期效果,制定奖惩措施,同时相互讨论导师所带学员的"平衡选取原则"。所谓"平衡选取原则",即导师根据自身及学生实际情况有针对性地辅导和指导,这样既能发挥教师的独特优势,也能真正使其他学生受益。接着,我用一堂课的时间

动员学生，让导师上台发表演讲，让学生明白导师的要求、目的和期望，根据自己实际情况选择导师。为了实现公平、公正、公开，给予学生一定的考虑时间，请班主任共同参与并协助，同时由班长和副班长提前制定号码牌，组织同学"盲选号牌"，正式选择时按号码上台。学生上台有一分钟陈述时间，谈自己目前的优势与劣势，自己的困惑和需要得到哪些帮助等。师生导师根据情况拿出"I Want You"的指示牌，学生导师与教师导师权利一样，公平"争抢"学员，各自谈优势和想法，学员根据导师及自己心向而选择，此时处于弱势的学员变为强势，双方角色瞬间发生变化，学员拥有了主动权。如一位学生导师为争抢学员说道："我不仅可以在思想品德这门学科帮助你，我的数学、英语还特别好，我可以助你三门学科提高成绩，而袁老师数学与英语不及我，而且他不像我有更多时间与你直接接触，所以你要知道谁可能最大限度地帮助你。"结果这位学员被这名学生导师抢走，全场欢笑不断。我们班级四十五人，教师导师一人加学生导师七人，共八名导师，平均每位导师团队五名学员，保障了导师们拥有充足的时间和精力有针对性地辅导。经过一学期的实践操作，导师所带学员成绩均有提升，包括学生导师自身能力也有很大提高，具有很明显的引领和标杆作用。在团队中，不管是老师还是优秀学生，都应放低姿态，大家共进退，齐发展。这样的师生双向激励机制，让我们感受到了团体温暖，也体会到成功之乐。

四、以"三力"征服学生，力做学生重要他人

三季《中国好声音》所选的导师在某些方面极具魅力，很多学员被导师的魅力、实力和影响力所折服，直接是冲某位导师而来，想得到导师的指导和培养。面对优秀学员时，导师可根据自身独特的优势令学员动心而选择自己，吸纳学员成为自己团队的一员。这样一来，学员具备了想要发展的个人内驱力，加上导师的倾力指导，可以在短时间内提升和完善自我。如第一季四位导师为争取吉克隽逸时，刘欢说道，"2013 年我在北京五棵松体育馆有一个超大规模、国际集团打造的超水平的演唱会，如果你愿意，我邀请你成为我的演唱会嘉宾。"庾澄庆说道，"我可以把少数民族音乐与流行音乐做一个很融洽的结合，我可以和你一起合作，让大家灵魂出窍。"最终，刘欢成功把她纳入自己的团队。在指导过程中，观众质疑吉克隽逸只会唱英文歌，刘欢则从不同曲风培养吉克隽逸，后来她为观众展示了一个民族、通俗、英文歌曲等都会唱的全能歌手形象，使得观众情不自禁为其欢呼、鼓掌，导师刘欢

还为其竖起大拇指以表称赞。

在接新一届班级或中途接班时，教师个人的魅力、实力与影响力直接决定着班级学生是否能快速信任教师。在初次与学生认识的第一堂课中，除了让学生了解我的教育理念和管理方法外，首先要让学生信服，于是我都会以得体的肢体语言、精湛的口语表达、幽默风趣的风格、严谨的逻辑思维与个人的荣誉与成绩当场拿下至少百分之八十的学生，之后更以实际的细节教育教学行为让全班学生为之而赞叹。第一堂课中，我采用"四部曲"，即"接纳—信服—崇拜—畏惧"，其中"崇拜"即在接纳、信服之后，主要展示教师获得的各种荣誉和班级教学成绩，学生不时地发出赞叹声和掌声，这样让学生以老师为荣，以老师为奋斗的榜样，自然老师就成了学生的重要他人，那么教师自身的语言和行为也就直接影响和感染学生。然后告知学生这一系列荣誉与成绩是通过努力和坚持换来的，同时表达老师愿把大家培养成更加优秀的学生，这时学生与老师心系一处，共同努力。在我所教班级中，初 2011 级19 班第一学年就被评为区级优秀班集体，数名学生也荣获区级"三好学生""优秀学生干部"等称号，每位学生在不同方面都有很大的进步。师生乐在其中。

（注：本文写于 2014 年第三季《中国好声音》结束后，聚焦三季《中国好声音》谈教学启示）

教学时评

——让专业积淀发出理性的声音

帕斯卡说:"人的伟大和尊严,全在于人的思想。"我们不但要做德育教师,更应做一名有思想的思想品德教师。面对一线教学中的问题和社会热点,要有理性的思维、独立的思考精神和独特见解,不盲从、不跟风、不跪着教书,静下心来理解和感悟,守住自己的精神家园。著名的教育家杜威曾说过:"教育即生活,即生长,即经验改造。"教师善于观察、敢于表达、学会反思,才能真正看到教学问题所在,发出教育理性之声,自觉改进教学方法,着力营造富有生命力与活力的思想品德课堂,才能更好地推动新课程改革,培育学科核心素养。

有效教学，我们离你还有多远？

> "教学的有效性要关注学生的发展，从时间上来说，学生的发展有当下发展和终身发展。任何一个有效教学必定要促进学生当下发展，同时对学生长远发展也会有影响。以前教学太注重当下发展，实际上教学还要关注学生的未来发展和可持续发展。有效的课堂教学活动沉淀下来的是一种思维方式和精神。"
>
> ——教育部课程改革专家组核心成员　余文森教授

教学现象：

通过多年的一线教学，笔者发现，教师的教与学生的学脱节严重，导致教学效果差、教学质量低。有专家做了一个调查发现：目前中小学教师的无效劳动大约占 50%。这一调查结果虽然有一点夸张，但有一点可以肯定，那就是无效教学的现象普遍存在。部分教师在实现有效教学过程中遇到了诸多问题，不仅未能较好实现三维目标，反而催生无效教学甚至是负效教学，要么误人子弟，要么扼杀学生的创造力，要么限制学生的"思维自由"，自然学生也就毫无学习兴趣，再加上学生课后的学业负担重，导致新课程的持续推进和学生可持续健康发展阻碍重重。因此，追求"轻负担高质量"的课堂成为了一线教师的共同诉求。

袁成评析：

课堂是师生共同成长的精神家园，是实施教学活动的重要场所。追求课堂有效性不仅能有效地提高课堂教学质量，而且能进一步提高教师专业化水平。作为一线教师的我们深知研究的目的是为了解决一线教学中的效率问题，这也是与建构主义所倡导的师生双边建构的原则符合。纵观国内外专家对有效教学有不同的理解，笔者认为，"有效教学"即两个方面，一为"有效"，二为"教学"。"有效"相对于无效，即教师是否具有先进理念下教学的效度，学生是否得到发展。"教学"即教师在教学过程中促进学生学习的教学手段、方式或者策略。

当前,在教学中未实现有效教学的原因多样。第一,教学观念陈旧,教学方式单一。在一线教师队伍中,不同年龄段教师存在不同的问题,例如,老教师教学观念传统,部分刚毕业的年轻教师教学观念又不成熟,再加上受到当地教学观念的影响,存在偏离状态。由于传统观念根深蒂固,致其有效教学的理念淡薄与有效教学的策略缺失,教学方式单一,一定程度上阻碍了新课改的有效实施;第二,一线教学的现实挣扎与教学迷茫。正是基于部分教师观念不能与时俱进,教学方式传统、单一化,造成教师低效的讲课,大量的课外习题,教师与学生都处在苦海之中。即无针对性的"全体参与练"、针对考点的"撒网式练"、学科不顾合作的"抢练",这样低效的教学得不偿失,也是违背学生认知规律的,完全就是"三中心"(以教材、教师、知识过关为中心),最后的结果自然也不尽如人意。笔者曾看过一项关于"不同的教学方式产生的教学效率不同,对所教的内容记住的平均率"的大规模的教育心理研究数据,教学方式与记住率分别为:教师讲授,5%;学生阅读,10%;学生讨论,50%;学生教别人,95%。然而现实教学方式与采用率的情况是:教师讲授,95%;学生阅读,80%;学生讨论,45%;学生教别人,5%。从一线教学的现实数据可以看出,很多教师的教学方式主要还是灌输,教师看似采用了师生、生生互动等多种教学方式,但教学策略不当,忽视学生主体地位,还未真正实现有效教学,教学效果也不尽如人意。究其原因,还是教学策略无效;第三,教师单打独斗,缺乏教育智慧与集体智慧。近几年在听取省外教师公开课、优质课赛课等活动中,上课教师出现了普遍性问题,即教学设计过于常规缺乏新意,教学方法过于传统缺乏创新,素材(课程资源)过于陈旧缺乏时代气息,教学管理过于随意缺乏规范,课堂有预设但缺乏生成等现象,很难听到一些富有价值且记忆深刻的课。笔者为了解原因,多次与授课教师通过面对面、QQ、微信等形式交流,了解到很大的原因是授课教师独自设计,缺乏对教学内容的规划与取舍,教教材现象突出,缺乏教学艺术,备课组及教研组凝聚力不强,缺乏集体智慧,在解读教材、分析学情、抓重难点等方面存在严重的问题。

为了能更好地帮助广大一线教师,笔者在实践基础上提出一些具有可操作性的教学策略,以期助推教师专业发展,提高教育教学质量,有效推动新课改的进程。具体建议如下:

策略一:新课标与新理念是有效教学的指南。其一,教师要研读新课标,解读新变化。课标既是思品课改的总章程,又是实施教学的指南。要想更好地领会课标实质,明确课标具体要求,思想品德教师就要紧跟时代步伐,认真、反复研读课标,对比不同,注重局部调整,这样才能更好地领悟《初中思想品德课程标准（2011 年版）》。如笔者把 2011 年版的初中思想品德课程标准与 2003 年版的初中思想品德课程标准相比，2011 年版的初中思想品德课程标准在课程基本理念表述顺序作了调整，将"帮助学生过积极健康的生活，做负责任的公民是课程的核心"放在三大理念之首，并把"追求"一词改为"核心"。这些细微变化都是教师在研究中需要重视的地方。其二，理念是行动的先导。学校的中心工作是以教学为主，教学又是以课堂为主，因此要提高教育教学质量，关键还在于课堂教学效果。随着新课改的不断推进，教师在实施课堂教学的过程中转变教育思想，采用了形式多样的教学方式，但无论哪种教学方式都必须坚持和渗透先进的教学理念作为支撑，才能更好地指导课堂教学实践。理念是指导教学的前提和导航标，是行动的先导，思品课教学必须坚持以生为本，以德为先，坚持"三维目标"统整，将情感、态度、价值观摆在首位，强化情感体验、道德实践在德育课程中的特殊价值地位。

策略二：导学案是有效教学的媒介。导学案是实现有效且高效课堂下的又一助推器，全国各地开展了大量的研究与实践运用。专家学者对其有不同的理解，笔者参阅众多定义，认为其中一种较为全面且客观，即"导学案是在新课程指导下，为达成一定的学习目标，由教师根据课时或课题教学内容，通过教师集体或者个人研究设计并由学生参与，促进学生自主、合作、探究性学习的师生互动'教学合一'的设计方案"。因此，在设计导学案中，不能唯教材论，即不能"教教材"，而要"用教材教"，需要集教师"教师导与评""学生学、练、测"于一体，这样才能更好优化和控制教学活动过程。同时，教师要注意导学案不是教案，也不是练习题集，其设计要贴近课标、深入教材，要有效实现"导案"与"学案"两案合一，要立足课时与使用对象，要重在培养学生自主、合作、探究学习的能力，要方便教师指引与学生自学，这样才能更好实现师生互动、生生互动，真正立足于学生学的角度来设计，发挥导学案在教学过程中的实效性。

策略三：集智备课是实现有效教学的助手。马克思曾说，"一个人的发展取决于和他直接或间接进行交往的其他一切人的发展。"从中可看出，一个人处在合作团队中，个人与团队成员会共同提升与发展，最终实现"共同发展"。正如一堂优质课，离不开团队的合作与智慧。笔者采访了一些在各种活动中的优秀课例授课教师，究其原因，除了个人的精心设计外，还有整个备课组、教研组的几轮打磨，从而形成备课组共同研究教学的一种常态教学方式。笔者在"教师专业成长篇"中建议，可以以备课组长为第一负责人，教研组长为第二负责人。要求备课人做到五备：备课标、备教材、备学生、备教法、备生成。具体而言，个人在设计过程中先与备课组老师交流想法，听取老师们的建议后设计出教学设计及课件；其次，备课组全体老师听课，提出修改意见，不断完善教学课例；最后，学部教研组全体老师集体听课，从不同角度进行课堂观察，集体讨论与反思，集思广益，再次对教学设计、课件及教师语言表达、肢体语言、课堂艺术等方面进行调整和修改，调整和修改后教师继续进行第三次试课，再次重复以上打磨过程，这样，不仅可以打造出一堂优质课例，而且授课教师乃至教研组全体成员的教学技巧逐渐成熟。

杜威在《民主主义与教育》中说，"一个孩子仅仅把手指伸进火焰，这还不是经验；当这个行动和他遭受到的疼痛联系起来的时候，这才是经验。从此以后，他知道手指伸进火焰意味着烫伤。"作为教师更应该从教育教学实践中反思，这样才能更好地成长。当然，在具体实践中，由于受教龄长短、自身内驱力、学习环境、个人素质等方面的影响，教师的教学理念会有一定的偏差，自然也导致了在教学策略上的差距。但我们需认识到，教师的根本任务虽为教学，但必须在教学中研究，在研究中教学，这样才能更快地助推政治教师的专业化发展。

生本课堂理念下教学的困境与重塑

> 学生是教育的客体也是教育主体，只有真正把课堂还给了学生，我们的课堂才能充满生命活力。
>
> ——袁成

教学现象：

"生本课堂"下的教学行为影响着学生参与课堂教学的积极性以及参与的深度与广度，也直接影响着课堂教学的效果。在一线教学中，教师对生本课堂存在诸多误区，特别是有的教师认为要体现以生为本，于是将课堂全部交给学生，甚至在该点拨的时候不发言，教师在一堂课中基本不讲，走入迷途。

袁成评析：

一位教育专家曾说："课堂教学蕴涵着巨大的生命活力，只有师生们的生命活力在课堂教学中得到有效的发挥，才能真正有助于学生们的培养和教师的成长，课堂上才有真正的生活。"可见，真正的课堂是以学生发展为本，对师生来说都是一种客观需要。"生本课堂"是一种新提出的教学形态，即课堂是学生们的学堂，其实质是"以学生的发展为本"的教育理念。"生本课堂"下的思想品德课，以学生为学习的主人，教师是学生学习的引领者，教学的过程是对学生进行引导、点拨的生成过程。为更好地让广大教师更深入地理解"生本课堂"，笔者就一线教师关注的问题谈谈以生为本课堂教学的困惑和构建"生本课堂"的几点建议。

当前思想品德课"生本课堂"中存在诸多困惑，笔者结合近年来在听课过程中观察到的现象略谈一二，以期与广大教师共同探讨。

困惑一：思维本无界限，是导而论还是限而标？

授课之前的导入，无非都是为引入新课，得到教师心中满意的答案后，直接就引入该课。看似很成功的导入，其实是给学生思维强加了一根指挥棒，形成了一种定式思维。如在某地开展的青年教师决赛中，同课异构的《关涉全人类的公共利益》一课中，一位教师讲课前，利用 PPT 显示："关涉全人类的公共利益——国际安全、国际经济、国际文化、自然环境资源。"教师呈现美国"9·11事件"材料，并留出一定的时间，学生看完材料后，教师提出问题：（1）这则材料反映的是什么问题？（2）这个问题会带来什么危害？一个学生不假思索地站起来回答："反映了国际不安全。""这位同学说得非常正确，那第二个问题呢？谁来试一试？"由于这个问题比较难，教师给了学生 5 分钟左右的小组讨论时间，教师请学生来回答问题。学生又发表了自己的观点，"这是恐怖主义行为，暴力、血腥，死亡人数有增无减""造成大范围的心理恐慌，令社会动荡不安""影响人们的正常生产、生活秩序"……

答案多种多样，教师肯定了一些答案后便不再理会，多媒体出示了事先准备好的固定答案。在整堂课中，这样的情况出现了多次。教学目标完成了，教师的目的达到了，为学生和听课教师展示了一堂平顺而滴水不漏的课堂教学示范课。但我们静下心来想想，这真的就是一堂新理念下的好课吗？课堂真正体现了以生为本吗？让人担忧的是，目前这样的教学方式依然被许多老师喜欢。但其弊端是显而易见的，学生在构建新的知识体系之前已经有了既定思维，教师导入以及教学中的问题就降低了思考的价值，学生囿于教材而不得生发，本课的教学反映出来就是教师为教学而教学的，忽视学生的个性和独特发展的需要。如何让设置的问题变得有意义和价值，克服预设问题下的定式思维，这是值得我们思考并研究的。为了更好地打开思路，本课可做如下改进，导入前教师可不用展示 PPT，直接请同学们观看材料或视频。之后设问，在第一问中，学生可能会说"世界不和平、不稳定""世界存在恐怖主义"等，第二问学生可能会谈道"美国的经济会受到影响""会造成环境污染""引起人们心理恐慌"。学生的回答可能是多方面的，而不是只限制于预设的"国际安全"这一点上。教师可根据学生的回答进行归纳，自然流畅地过渡到这些危害或影响都关涉全人类的公共利益，然后顺势引出或强化"国际安全"，这样就不会显得牵强。对学生丰富多彩的答案给予肯定，这样的课才是一堂真实的以生为本的常态课。

困惑二：是单纯重课本知识还是重学生的情感态度价值观？

在教学中，有时教师的教学设计很新颖，学生活动也较多，看似十分到位，效果也应该出色，但学生的学习方式并没有改变，仍然是在配合教师完成教学任务。有的教师对学生有创意的想法置之不理，甚至对于学生胜过教师的独到见解也不予以鼓励。比如在《矛盾和冲突》（以"重庆最牛钉子户"为例），涉及面对个人利益和公共利益时应该做什么选择？学生一般都会不假思索地回答"维护公共利益"。但这真的是学生内心的想法吗？个别学生也提出要考虑个人利益，面对这样的回答，教师又该如何去引导？可是一些教师不顾及他们的观点，直接就展示书本的理论，学生学习了本课，能背诵大篇理论，知道书上说的怎么处理个人利益和公共利益，但心中可能不以为然，如此，思想品德课的价值何在？在教学中，我们应该尊重每个声音，在探讨中得出辩证合理的结论。教师应为学生提供一个自我展示的平台，让学生在活动中接受一场头脑的风暴，精彩的思维火花往往就会在这样的风暴中产生。这样的课堂教学不再仅仅是知识与技能的传授，而是学生阅读与思考、观察与探索、质疑与创新、表达与交流的过程，是师生、生生之间的彼此肯定与欣赏的情感融合过程。笔者所在的学校十分注重学生的主体性发挥。如在本课中，我只展示材料（"重庆最牛钉子户"的新闻资料），提出引导的问题："你怎么看这个事件？谈谈你的看法。"学生自主讨论，让我吃惊的是他们形成了三种不同的观点。于是我趁胜追击，根据他们的观点组织大家进行辩论：正方为房屋产权人最大化地维护自己的合法权益，最牛钉子户是我们学习的好榜样；反方为因为他一家拒绝拆迁导致整个工程无法开展，宣扬最牛钉子户的榜样作用是危险的；中立方为不好说谁对谁错，国家法律能否保护最牛的钉子户？这样让学生在讨论、辩论过程中想说、能说，教师起组织、引导、点拨作用。这样的课堂，真正倾听了每位学生内心的声音，而不是单纯地灌输知识，真正关注了学生的情感世界。

初中学生生理、心理发展还不成熟，人生观、价值观、世界观还未完全树立，因此，在学校里，我们要充分利用思想品德课堂帮助和引导学生，修正其品行。那么如何构建以生为本的生本课堂呢？笔者谈谈实践教学中的几点做法。

第一，打破局限，点燃学生的思维火花。

孟子说：思则得之，不思则不得也。思维是认识活动的核心，能够使人们对客观现实的认识从感性阶段上升到理性阶段，能够使人们无限广阔地、深刻地、正确地掌握客观事物的本质和规律。学生思维不能也不应该在课堂上受到束缚。在思想品德课教学中，教师要从"以学生发展为本"的教育新理念出发，尊重学生言语权，开发学生的潜能，培养学生的创新思维，鼓励学生大胆合理地想象，激励学生去探索有挑战性的问题，运用一切有效的方法和手段，创设一定的教学情境，去激发学生的学习兴趣，点燃学生的思维火花，给学生以更多的独立思考问题和自我发展的机会，促进学生各种思维的发展，从而实现思想品德课教学的情感态度价值观、过程与方法、知识与能力的三维目标。教师可以通过创境引思、假事启思、布疑激思等多种方法让学生的思维得到最大限度的活跃。由于思想品德课的概念和原理比较抽象，不易理解，因此，教师就要结合新教材的内容，有针对性地搜集现实社会及生活中活生生的各种政治、经济、文化现象或事例并加以分析。贴近学生生活，学生才会对思想品德课感兴趣，才会接受所学的理论观点，从而加深对理论知识的理解。如：在讲"公私之间的矛盾与冲突"，我利用热点话题"最牛重庆钉子户"，户主与拆迁方由于拆迁费的赔偿问题达不成协议，双方僵持三年。引入话题之后，让学生讨论事件本身反映出的问题，再用角色互换的方法，让学生谈谈如果是你你会怎么做，说说这样做的原因，不给既定的答案或理论，而是在讨论中得出辩证的结果，这样的结果既合情又合理。

第二，正本清源，发挥思想品德课对学生价值观的导向作用。

现代教学论认为，教学过程不仅仅是认识发展的过程，也是情感发展的过程。如果在教学过程中，不考虑学生的情感因素，学生虽然能学到知识，但由于不能引起他们的兴趣，就不能使他们始终保持积极的学习态度，所学知识也会因未有内心的认同而被很快遗忘。因此，在思想品德课教学过程中要注重学生情感的培养，发挥思想品德课对学生价值观的导向作用。

首先，要让学生喜欢思想品德课，对老师有兴趣，或者要让学生体验到学习的轻松感。为此教师就要熟练掌握和运用科学的情感教育方法。比如精心设计"开场白"，抓住学生的情感需求。或抒情或激励，或时政分析，或情景设置等，三言两语，便能吸引学生的注意，激起学习欲望，调动学生的情感。教师走进课堂就要启动真情实感，根据教学内容，紧密联系学生的生活和社会实际，表现出相应的喜怒哀乐，声情并茂，形象逼真，善于运用表情、动作、手势等非语言行为表达情感。

其次，教师要"眼中有人"。很多时候，我发现学生的观点和陈述远比书本的观点或参考答案好得多，我们当然应该予以肯定并采纳，因为这是学生内在思想和情感的外化表现，关注和肯定它们就意味我们已经开始关注学生的内心世界，通过这扇小门我们可以窥见学生内心世界的变化，"用兵之道，攻心为上"，只有从内心出发才能从根本上加以引导和教育。也只有这样才能真正体现思想品德课的价值引导和规范作用。比如在思想品德课教学过程中，教师尤其要重视学生提出的疑难问题，而不是采取回避或者拖延等处理方式。因为这些疑难处或分歧点可能恰好是学生认识上的十字路口，是教师教学的真正发力点，对的予以肯定支持，错的及时纠正，那么学生自然就会获得正确有效的指导而学到知识。具体的操作可以是围绕教材内容，在课堂中鼓励学生在全班同学面前谈自己在生活和学习中遇到的问题和困难，结合教材与实际生活，分小组讨论、研究，寻找解决的办法，之后教师再进行点拨归纳。

另外，由于教学是教师的教与学生的学的统一，这种统一的实质是交流、互动。而所有的交流互动都是需要氛围渲染的，因此，在教学中要力争创设良好的交流的环境，比如运用图画演示、幻灯片、录音、视频、情境活动、情感体验等多种教学方式。

　　在学科核心素养背景下，教师更应树立以生为本的教育理念，课堂教学中要能教、会教、教好，推动课程改革实践。相信通过坚持不懈的课堂实践和课后的反思体验，会真正做到一切为了学生，真正让学生愉快学习、健康成长、全面成才，会在思想品德课教学领域中不断取得进步，更好地落实以生为本的教育理念。

教教材还是用教材教？

教材无非是个例子。

——著名教育家　叶圣陶

教学现象：

在参加各级研培活动中，发现不同年龄段教师在对待教材上有不同的问题。具体而言，部分老教师仍然是忠实教材内容，预设浓重，强调知识，忽视师生对话，以教材知识目标为课堂重心；部分中青年教师，教学行为流畅，对知识的把握滴水不漏，但有时为展现教师对考点的把握而忽视学生的见解，一切以教材原话为标准答案，不允许创新和质疑，忽略知识在师生"对话"中的动态生成；部分年轻教师重视学生情感态度价值观，课堂活动花样百出，但预设浓重，脱离学生生活实际。这就是一线教学中存在的不同年龄段教师"教教材"的真实现象。如何有效、高效地使用教材成为教师思考、探究和解决的重要课题。

袁成评析：

基础教育新课程改革提出"用教材教"的全新理念，即教师不要过分、盲目依赖教材，应深入研读教材，吃透教材，理清教材内在逻辑，取其精华，不断重组、优化、完善和"活化"教材。初中思想品德教师更应走在时代前沿，如何准确、有效地把握其内涵及探究相应的实践策略，这是每位思想品德教师必须面对和解决的重要课题。

当前，个别地区、个别教师为了展示"用教材教"的课堂，形式多样且花哨，各种教学方法和教学资源都囊括在一堂课中，导致"三忙"，即教师忙、学生忙、电脑忙，让听众眼花缭乱。一堂热闹的课下来，我询问个别学生这堂课的收获是什么，学生回答"今天这堂课，除了比平时的案例、视频、讨论和发言多了些外，感觉自己没学到什么，记忆不深刻，每次这样的公开课后老师会给我们勾画重点和考点的。"从这样的"用教材教"课堂可看出，教师并未真正落实教学内容，而是形式化，为观课老师和学生展示的是一堂华丽的表演课。建构主义学习理论的基本内容可从"学习的含义"（即关于"什么是学习")与"学习的方法"（即关于"如何进行学习"）这两个方面进行说明。从中我们可分析得知，教师要善于引导学生进行深入思考，结合教材提出质疑，共同探究，激活其内在学习动机并真正以主体者角色参与到教学中去，进而不断推敲，加以整理归纳，最后得出实质性、有效的结果，而不是一味地死记硬背。另外，德国教育心理学家 M. 瓦根舍因和克拉夫基等人提出范例教学理论。德国瓦根舍因的范例教学是借助精选教材中的示范性材料使学生从个别到一般，掌握带规律性知识，并发展其能力的一种教学模式。可见，"教教材"是让学生掌握教材静态材料，不能掌握教材的内在逻辑，也不能更好地锻炼学生的系统思维。范例教学则指出，取其教材精华，舍弃陈旧、不符合学情需要的材料，让学生能从一例迁移到更多知识内在联系，培养其分析问题、解决问题的能力，进而有效并高效提高学习效率。从研究中可发现新课程改革提倡的重要理念"用教材教"在一定程度上也受到了"范例教学"理论观点与方法的影响。

究其原因，笔者认为有以下几个方面：其一，教师未认真研读课标，盲目教教材。由于教材具有滞后性，部分版本教材中的内容在新课标中已经取消，然而还停留在原有的课标中来回讲授，折射出教师的教学思想和教学理念滞后；其二，套用教材，不会使用。"用教材教"的主体是教师，教师在用教材中，要么全部用教材内容，要么全部不用教材，这两种都是极端的理解。比如：笔者在参加 2011 年全国初中信息技术与课程整合优质课大赛时，一位教师讲授《校园风景线》一课，把教材中的校园图片、材料及探究问题全部呈现在 PPT 上，学生为了配合老师上课，极力发言，然而整堂课并没有把教材所潜藏的资源深度地挖掘出来，没有从本校或者参赛实际出发，脱离学生生活实际，因此学生仅仅停留在肤浅的文字表述上，教师并未点燃学生的思维火花，导致学生思维僵化，被动地接受，这属于典型的"本本课堂"；其三，学生真正为主体，教师成最大的配角。在一次教研活动中，一位教师讲授《男生女生》一课，为了践行"用教材教"的理念，于是设计课时，将书本和时事热点渗透在教学环节中，设计了很多极具探究性的问题，要么小组讨论，要么同桌讨论。如教师引导学生探讨男女生早恋话题。学生讨论两个问题，即"你如何看待小学生早恋？""如果你是小学生家长，你如何面对？"这个话题引爆了课堂，同学们纷纷讨论，十分激烈，学生争相举手表达各自观点，在授课过程中，确实体现了新课程倡导的以学生为主体，学生进行"自主""探究"式的学习，但教师在课堂中完全处于配角地位，评课中，我提出一个探究的问题，即用教材教，如何教？教师应该处于什么角色？这个问题引起了老师们的激烈探讨。《基础教育课程改革纲要》指出，教学"要处理好传授知识与培养能力的关系"。因此，我认为，"用教材教"主体是教师，教师不能为了凸显学生自主探究而不进行讲授，毕竟教师在课堂中是管理者，是对知识揉捏的分寸者，是可以协助学生共同深层次探究的引导者，即可以引导学生探究教材重难点核心问题，引导学生理清教材思路和脉搏，根据学生的探究挖掘更多的现实生活信息，补充和完善教材的滞后问题，真正体现了以生为本的课堂理念，也会提高学生分析和解决问题的能力，增强知识的魅力。

为直面这个教学中的突出问题，笔者对"用教材教"这一全新的理念进行了大量的摸索和实践，探索出了几点策略，与广大教师分享。

策略一：搭建教材文本与学生心灵对话的平台。

教材知识是静态的，而学生是动态的，这就需要教师采取各种教学策略使动态和静态相结合，进而将"静态"的教材内容转化为师生共同探究的"动态生成"。新课程倡导"对话"，因此"对话"是为了更好实现教材文本与学生心灵相互融合的有效方式。我认为，重要体现在三个方面，即备课、上课、课后。备课中，应认真研读教材和课标，即教材中要知道教材的编写意图，分析课时内在逻辑，分析教材材料与本校及学生实际，分析教材后要深入研读课标，领会其精神实质，明确其各项要求，才能更好地运用教材。上课中，教师要巧设情境和语言行为，即情境创设包括文本材料、视频、图片、实物、现场事物等，教师通过肢体和语言，形象而生动地表达和展示各种情境内容，并深度挖掘可探究的问题，贴近学生最近发展区，激发学生与教材"对话"的兴趣和需要，搭建教材文本与学生心灵对话的平台，让学生积极地、主动地、有效地参与教学活动过程，使之乐于"对话"。这样的搭建，提高了"对话"的质量，充分体现了"用教材教"的理论基础。

策略二：整合教材原有资源，"二度开发"教材资源。

"教教材"，就是教师依据教学大纲，忠实地讲授教材的教学行为，而未真正试图努力的研读和领会教材设计理念和教学思想，忽视学生生活实际，忽视学生情感体验和道德实践，忽视学生认知规律。这就要求我们的思想品德课教学必须体现实用性，如何实现呢？我认为应根据教材原有材料及设计思路，结合本区域、本校及班级学生实际情况，对教材内容重新优化、完善和利用，取其精华进行"二度开发"。比如在讲《身边的诱惑》一课时，教师可根据课程标准要求不再在课堂中讲授，可作为"第二课堂"或"活动课"来延伸与开发教学内容，让学生结合教材内容，分小组各选一个主题，周末上网收集相关的材料制作成幻灯片或手抄报，将课堂延续到课外，创造性地"改编"和使用教材，使教材所潜藏的资源得到较好的挖掘，使学生对教材知识的理解更加深刻，实践过程中就自然而然对问题的解决更为透彻，以进一步培养他们的学习兴趣、探究能力和主动创造力。这样对教材的重新整合和开发，教师就不再是简单的重复者和说教者，也不再是对教材知识进行"滴水不漏"的传授，而是更多地创造性地使用教材，真正实践"用教材教"的理念。

策略三：课堂既要形式又要内容，重在"活化"教材。

在践行"用教材教"课堂中，能够经得起推敲的课不仅仅要在形式上，更多是在内容上，以及教师如何从多角度去"活化"教材。正如叶澜教授提出的一节好课的标准，即"扎实（有意义的课），充实（有效率的课），平实（常态下的课），真实（有缺陷的课）。"这样，"教师在讲授时就可以考虑'另辟蹊径'，多换几个角度，既能防止思维定势，也能逐步提升学生的学习能力，这就是'活化'。"比如在双流区第六期骨干教师展示暨新教师跟岗实训活动中，同课异构《超越崇拜》一课。作为骨干教师，我反复研读课标及教材内容，如何上出新意？如何整合教材？如何"活化"教材？经过反复斟酌，反复磨课，最终选取"一例到底"的教学模式，以著名主持人周××为主角贯穿本堂课。通过"走进××""评析××""续写××"和"超越××"四个流程进行教学，重组了本课教材内容顺序，优化了教学环节，师生在有趣、和谐的氛围中探究本课，达到了预期的效果。即学生明白了明星的成功并不是一蹴而就的，成功要付出艰辛的努力；评价明星要全面客观，一分为二，不能盲从；超越肤浅崇拜，学习明星的优点和奋斗精神，以其作为自我成长的动力，进而超越自我，成就自我。从本课中看出，教师重组和优化教材资源，教学形式多样，有图片、音乐、材料、视频等多媒体资源以及小组探究，给予了学生更多的思考时间和探索空间，培养了学生的创新思维能力。这体现了教师"以生为本"的教育观，遵循教育规律和学生认知规律。可以说，这样的"用教材教"的课堂才是真正活而不散，极大地提高了师生教学的积极性，强化了动态对话的生成性等。

教材是静态的和固定的，相对来说具有滞后性，而学生是不断发展的，作为"用教材教"的主体应该不断学习、摸索、实践和反思教学行为，从而有效地开发和"活化"教材，更好地调整教学策略，满足不同层次、不同需求的学生，拓展学生的思维，实现文本与学生心灵对话，使得思想品德教材发挥最大价值。

让社会主义核心价值观走进课堂

> 希望全国广大教师能牢固树立中国特色社会主义理想信念，带头践行社会主义核心价值观，自觉增强立德树人、教书育人的荣誉感和责任感。
>
> ——选自习近平总书记在 2013 年教师节的讲话

研究背景：

党的十八大报告明确指出：要加强建设社会主义核心价值体系，即"倡导富强、民主、文明、和谐，倡导自由、平等、公正、法治，倡导爱国、敬业、诚信、友善，积极培育和践行社会主义核心价值观。"这是党的十六届六中全会第一次提出建设社会主义核心价值体系以来将这一战略任务引向深入的重要举措。这一举措艰巨复杂，需要全社会齐心协力、齐抓共建，学校教育更是无疑承载着重大责任。2013 年 9 月 9 日，习近平总书记在致全国教师慰问信中指出："希望全国广大教师牢固树立中国特色社会主义理想信念，带头践行社会主义核心价值观，自觉树立立德树人、教书育人的荣誉感和责任感，学为人师，行为世范，做学生健康成长的指导者和引路人。"初中学生处于生理和心理发育不成熟的关键时期，也是思想观念和行为认知养成的重要阶段，可塑性强，思想品德教师应以教学为载体渗透社会主义核心价值观，让学生在学习生活中感染、熏陶、认知、体验和践行。如何在思想品德课教学中渗透社会主义核心价值观教育是广大教师重点研究的方面。笔者认为，应从理论和实践研究两个角度进行理性分析，将社会主义核心价值观与教材相结合，贴近学生最近发展区，关注学生生活实际，充分发挥思想品德课育人功能，使学生能更好地在校园、家庭和社会中践行和传播。

袁成评析：

教育价值观是学校的生命与灵魂。学校对学生一生的思想价值观的树立有不可忽视的作用，而课堂教学是学校教育活动的重要渠道。整个教学过程中，初中思想品德课（以下简称"思品课"）是对中学生系统地进行公民品德教育必修的课程，它是一门具有德育功能和载体功能的课程，要联系学生的生活实际，将学生在生活实际中的情境进行深入分析，着力培育社会主义核心价值观教育。

青少年是祖国的未来，民族的希望。初中学生正处于"三观"形成关键时期，在思品课中渗透社会主义核心价值观教育有助于帮助学生面对复杂、多元化的价值观时做出正确的道德判断和选择。因此，以课堂教学为载体，积极将社会主义核心价值观融入教材、融进课堂，进而进入学生头脑。笔者在一线教学中，通过如下方式将社会主义核心价值观融进课堂。

方法一：研读课程标准，明确学科导向。

我们知道，思品课标既是思品课改的总章程，又是实施教学的指南。只有反复研读课程标准，领会其精神实质，明确其各项要求，才能更好培育社会主义核心价值观，确保培育方向正确。初中思想品德教师要准确把握课程性质和课标内涵，把握思品课思想性的正确导向，紧紧围绕社会主义核心价值观教育目标展开情感态度价值观、能力与知识三维目标的教学。通过对课标的正确把握，知识的传授，帮助学生树立正确的政治方向，养成良好的道德品行，为培养社会主义事业接班人不断奋斗。

方法二：引领关注社会生活，重视学生践行。

生活即德育，只有让学生关注、参与及实践才真正落实了思想品德的德育功能。因此，在思品教学过程中，思想品德教师要充分以教材为基点，理清教材的基本概念与观点，努力挖掘各种资源，将教材和课程资源融合，围绕贴近学生最近发展区的问题进行教学，将社会主义核心价值观教育落到实处。笔者选取教学中的一个教学片段举例说明。

教学片断：

（1）重点核心词：理性爱国

关键核心词：公正、自由、法治、文明

（2）选取社会热点核心词："钓鱼岛事件"

（3）事件主要内容：

事件一：2012年9月10日，日本政府宣布"购买"钓鱼岛及其附属的岛屿，并将其实施所谓"国有化"。日本的一系列做法激起了中国人民的愤慨，各地陆续掀起了游行示威、抵制日货活动。（选自网络新闻）

事件二：2012年9月15日13时许，被告人蔡×、寻××在西安市玉祥门盗取路边摩托车U型锁，打砸日系车辆。15时40分许，被害人李××驾驶陕A×××××号丰田卡罗拉轿车经过环城西路，被告人寻××持砖头砸该车前挡风玻璃和后视镜，李××阻拦并夺下砖头。被告人蔡×持U型锁砸前挡风玻璃时，李××上前阻拦并用砖头砸伤蔡×头部，蔡×即用U型锁猛击李××头部左侧四下，致李××重伤并五级伤残。（选自网络新闻）

组织学生进行社会现象评析，小组讨论一下问题：

（1）砸车人为什么砸车？

（2）砸车人通过砸车行为解决了实际问题吗？

（3）试分析砸车事件带来的影响及其思考。

"钓鱼岛事件"是当时最为热点的社会话题。为了让学生理性分析社会热点事件，提高学生明辨是非的能力，让学生在活动中产生对社会主义核心价值观认同的情感共鸣。学生在以上活动中，谈到以下观点和看法，可作为教师在课堂上引导和生成的宝贵素材。

学生一：日本的此种行为是对中国领土主权的严重侵犯，行为可恨、可耻，作为中国人，不能咽下这口气。但不能随意砸同胞的车，因为同胞无过，这是一个经济全球化时代，不能因为买了日本车就对相应同胞产生厌恶、敌对的态度，这是不明智的。（文明）

学生二：砸车、砸人行为严重侵犯了他人的财产所有权和生命健康权，触犯了我国的《刑法》和《物权法》，是严重违法行为，要受到法律的制裁。（法治）

学生三：由于社会中出现打砸日系车现象，造成消费者不敢购买日系车，限制了买车人的自由消费权利，也违背了消费者自由选择权。（公正、自由）

教师及时给予点评，谈道：同学们的分析很全面，在此次事件中，确实出现了不太理性爱国的"疯狂行为"，不仅给公民带来了严重的经济损失，甚至带来了生命安全问题，造成人与人之间关系恶化，最终有损国家的稳定与和谐。可见，对于"钓鱼岛事件"出现的打砸行为背后渗透着公民对公正、自由、法治、文明、友善、和谐等价值观的思考，这是我们当前所倡导的社会主义核心价值观的重要组成部分。

由此可见，在思品教学过程中，教师与学生都要善于关注社会热点和现实生活，将所学内容与社会生活相结合，做到理论与实践相结合，将枯燥的学习内容通过恰当的课程资源得以开发，让学生活学、活用，增强学生的道德认知和社会主义核心价值观认同感。

方法三：以活动为载体，活学活用。

教师通过学生活动体验提出问题，让学生在解决问题的过程中获取创造性的情感体验，这样既达到在活动中乐学，又在活动中提高能力的目的。

在讲教科版九年级《日月无私照》一课时，要求达到"培养学生平等的意识和引导学生在学习与生活中践行平等的真谛"的情感、态度、价值观。

因此，在讲到第一课时，通过学生小品表演方式进行，其他同学对其表演进行评析。比如小品《我来当法官》，通过学生扮演城市人与农村人，在同样伤害事件中不平等的赔偿，到法院起诉并要求同等赔偿一案，让各自谈出理由，并由学生法官与陪审员现场讨论。通过这个小品表演，让学生明白平等的基础是生命的平等；小品《这个证明很憋屈》，由学生分别扮演"买房者""警察""卖方"。缘由是因为该楼盘要求买房者必须在当地公安局开无犯罪前科证明，卖方给买房者解释、证明模板等，卖方工作人员也很无奈。买房者到当地公安机关谈起此项证明，警察也很惊讶和无奈，并开具相关证明且在证明下面写道"老百姓买房要开这个证明？难道有犯罪前科的就不可以买房吗？该单位有何法律依据？"通过这一学生自主参与的活动，扮演的角色生动有趣，学生在活动中明白平等的体现包括了人格平等和法律基本权利平等。这样，不但可以减轻学生学习的枯燥感，而且还可以将他人经验与学生个体经验融合，情感和理性直接对话，培养了学生的辨别能力和理性精神，促使教与学真正统一，也较为巧妙地将社会主义核心价值观之平等融入其中，学生在活动中产生了情感共鸣。

思想品德课堂作为社会主义核心价值观教育的主阵地和主渠道，思想品德教师应积极将社会主义核心价值观融入教学中，帮助学生确定正确的价值取向，用社会热点事件、游戏、活动等方式引领学生和感染学生，让他们健康快乐地成长。

为教育真人秀教师赛课节目
《超级老师》点赞

新时期的教育，应不断更新教育理念、不断改进教育教学方法和不断优化课堂结构，大胆创新，让更多有才、有艺、有能的教师展出来，挖掘行业更多的"好声音"。

——袁成

相关事件：

2015 年陕西卫视推出了教育类真人秀节目《超级老师》，节目组安排来自全国各地不同学科、不同层次和不同年龄的普通老师走上电视舞台秀课，接受 3 位评审导师，即陕西相声名家苗阜，知性主持人李蕾（后期是寇乃馨），复旦大学博士、副教授蒋昌建以及 150 位大众评审团（其中包括小学生、中学生、大学生和家长）的共同评判，经过激烈角逐确立谁是真正的"超级老师"。这不是一档单纯的综艺节目，而是课改的一次大胆尝试。授课对象不是同一年龄段的学生；赛课不分专业和学科进行，教学水平的认可更多的是取决于教学方法和教学风格；评委不全是专家或者同行，而是各行优秀代表和学生群体。《超级教师》不仅成为教师展现自身教学魅力的平台，同时也将成为课堂教学改革的风尚标。

袁成评析：

赛课是教师专业成长、教育教学改革的重要途径。传统意义上的赛课随着教学的需要和教师的要求逐渐显现不足。为提高教学质量，研究并改进赛课存在的不足显得十分重要。赛制形式、赛课内容、赛课环境、选手结构、评课方式都可以作出一些调整和改变。2015 年陕西卫视推出首档教育真人秀教师赛课节目《超级老师》对教学改革进行大胆尝试，社会反响强烈。这档节目取得的成功恰好说明了当下社会对课改、教改的呼声与要求，不仅说明创新赛课方式有必要，而且为我们创新赛课提供了参考。我们可以进行借鉴，通过搭建平台给有个性、有才华的老师一次展示自我的机会，同时实现教师群体间的交流，促使彼此教学风格的形成和教学水平的提高。

　　笔者首先想谈谈创新赛课方式的必要性，包括三个方面，具体如下。

　　第一，传统赛课方式局限性分析。整体上看，如今赛课的现状是同样的课题、同样的年龄段、同样的教学模式、同样的主流教学风格，同质化现象比较突出。这种赛课有优越性，也存在局限性。优越性主要体现在统一性强，方便操作、比较、研究；专业性强，有助于学科发展；推广较易，有助于教学方式的快速传播。其局限性可能会造成参赛选手被束缚甚至同化，具体表现为：选手结构单一，价值取向失衡。选手结构单一表现为：选手多为年轻教师，教育专家、教研员、老教师几乎不参与赛课，年轻教师不仅需要通过赛课积累教学经验和提高教学水平，更需要教研能力强、教学经验丰富的教育专家、教研员和老教师对其直接传授经验和引领示范；社会机构培训老师不参与赛课，不利于在校老师与培训老师的互相交流学习；赛课教师层次基本一致，不利于不同层次的老师的直接较量。不同层次老师之间尽管教学目的、认知水平等存在差异，但知识、技能可以相通，风格、手法可以借鉴。另外，价值取向失衡主要是因为如今教师在职称、荣誉等硬性标准下努力赛课，很难放下思想上和心理上的"包袱"，对比赛结果比较看重，难以轻松展现自我风格和思想。赛制形式单一，评判标准固化。目前赛课都是按照指定教学内容分年级段同堂异构或者同种模式进行，一场比赛确定获奖等级，显得单一，不利于评价选手展示的真正实力。评判标准有些固化。评课标准按照一定的权重进行，对教师课堂综合表现进行量化；评课者通常是同行或者专家，都是按照一定的标准专业点评一堂课。这种评价的专业性和系统性是毋庸置疑的，但是不利于教师全面施展才华以及教师特色和闪光点的捕捉、挖掘，难免出现评价主观性和评价片面性的情况。教学风格趋同，个性突破度低。教师教学风格应该是丰富多彩的，教师的个人教育背景、专业领域、任教学科和教授层次等不一样，教学风格必然存在差异，教师来源、赛制规则、评价标准、评价人员等单一都容易导致教学风格被限制、束缚和同化，使其难以突破。刘勰在《文心雕龙》中写道："慷慨者逆声而击节，酝籍者见密而高蹈，浮慧者观绮而跃心，爱奇者闻诡而惊听。"每个人的性格不同，欣赏同一篇文章后的反应也就不同。在教学中也是如此，教学风格相当于文学作品，学生就是读者。由于每个学生在个性、审美、习惯等方面存在差异，对教学风格的认可度必然有差异。教学风格趋同，学生的选择面就窄，不足以充分满足广大学生，也不利于学生个性的培养和思维的启发。

　　第二，学生、家长、社会的期许。社会对人才的需要和教育的发展不仅要求老师掌握更多的知识技能及拥有更高的教学水平，也逐渐开始关注教师的教学风格。据调查表明，学生喜欢民主、开明、平易近人的老师，能与学生做知心朋友的老师，有个性、气质和独特魅力的老师，多才多艺，能培养学生各种业余活动兴趣的老师，能放下架子，平等、尊重学生的老师等；家长期望老师能够尊重、了解、关怀学生，能够培养学生的独立、自信、能力、个性，充分保护学生的自信心和创造力；社会则期望老师能够适应社会需要，培养更多具有理想、能力和创造性的复合型人才。

第三，《超级老师》节目亮点的启示。《超级老师》的开播是基于当前各种教育理念的激烈碰撞和观众对于教育话题的普遍关注度，节目仅播出三期便引起社会的强烈反响和共鸣。节目亮点突出，结合当前教学改革，大胆进行赛课创新，为观众奉献了一场别出心裁的视听盛宴。具体体现在：选手来源广泛，教学特色鲜明。选手身份差异明显，教学各具特色，涌现出曹兰若冰、曹一超、曾波、文世龙等教学生动、风格各异、个性突出的老师。师生之间相互影响，有特色的老师才会培养出有个性的学生。赛制形式多元，大众评审新颖。比赛采用多种赛制，选拔赛是所有参赛选手同台进行 PK，终极赛由观众和网友选出的 24 位"超级老师"两两进行 PK。此次评审不是教育专家进行专业点评，而是采用嘉宾点评、观众点赞和网络参评的形式进行评选。点评嘉宾与选手零距离交流。赛制形式多样，评课人员来自不同行业，与赛课教师零距离交流，体现出了新颖性、大众性和互动性。赛课主题自拟，教师行为自由。赛课主题没有做统一规定，选手可根据自己的特点自主确定赛课主题。个人服饰、说话方式和具体授课不作过多约束，尽情展现教师的个性和魅力，颠覆了传统教师的形象，增添了时尚与个性。媒体力量强大，节目宗旨突出。《超级老师》总导演由上海世博会开闭幕式总导演唐萍担任，并得到《中国梦之声》《中国好声音》《中国达人秀》等一线制作团队的大力支持，知名主持人蒋昌建、李蕾及相声演员苗阜联合对赛课老师进行麻辣点评。节目坚持"改变你我，就在此课"的宗旨，寓教于乐，突破传统，带给观众不一样的课堂体验。

其次，理性分析赛课方式多元化的实施及意义。《超级老师》一播出便引来广泛关注和强烈反响，主要在于能够引发学生、家长和社会的共鸣，反映出大家对轻松高效课堂的向往。虽然短时间很难改变传统赛课的现状，但对《超级老师》赛课形式的探究可以为赛课方式的改进提供一些参考和思路。

赛课方式的改进实现教师结构、内容选择、评比方式、平台形式的多元化，多形式、多角度地综合展现教师的综合素质，优化赛课，培养教师的教学风格，提高教学教研水平。

第一，赛课教师结构多元，培养特色教学风格。赛课的老师不必只局限于某个专业、学科、地域、年龄、层次，而可以根据教学和教研的实际需要，让不同类型的老师参与赛课，不探讨学科专业水平，而着重关注教师的教学风格和教学水平。多元智力理论指出："不同的人有不同的智能组合，每个人在不同领域有不同的差异，需要我们用心去发现每个人的潜力和美。"老师的教学风格形成与他的个人特点和工作性质密切相关。不同教师呈现的教学风格肯定不同，不同类型的教师进行同台赛课就是让不同的教学风格进行激烈碰撞、相互借鉴、融合，为教师自我教学风格的养成和教学水平的提高创造条件。苏联教育家苏霍姆林斯基指出："一个无任何特色的老师，他教育的学生不会有任何特色。"师生之间是相互影响的，教师的教学风格会直接影响学生的学习热情，教师的教学风格越独特就越能被学生接受，课堂的教学魅力就越大，学生的学习热情就越高，越能让学生因为喜欢你而喜欢上这门课。

第二，赛课内容灵活多变，教师教学自主个性。教学水平的高低不在于具体的教学内容，而在于教学者本身，能把学生教懂就是教学水平高。赛课中，不妨放宽限制，让参赛选手自主选择主题，自主进行设计；适当结合学科知识特点和教师的个性审美，允许选手在个人服饰、语言表达方式、讲课方式等方面表现自我风格。通过放宽赛课的限制，融入教师的个性元素，展现教师的综合才能，发挥教师教学的自主性，使赛课变得灵活、生动、有趣。

第三，赛制设计多样合理，专业大众评审互补。一场比赛的输赢不足以说明教师的实力。比赛是否成功会受到诸多主客观因素的影响，主观上可能因为比赛状态不佳，客观上可能受到评审者偏好等的影响。赛制应该多元化，可以参照《超级老师》的赛制，采用选拔赛、晋级赛、终极两两PK赛的赛制，层层选拔淘汰，最终确立优胜者。这种设计可以避免老师因为一时的失利而没能真实展现自己的情况出现，比较人性化。

专业评审大家并不陌生，而大众评审就是让家长、学生、社会团体、网络平台参与评课。《评课最需要什么》一书中提到评课要关注学生心理需求，鼓励个性化教学，发挥网络评课的优势，让学生尝试评课，让家长参与评课。言明我们要从封闭式评课向开放式评课过渡，倡导评课手段多样化，参与评课人员多元化。

专家评审、同行评审侧重于对选手任教学科专业的评价，而大众评审则是从课堂吸引力本身的角度出发。专业评审和大众评审二者都有自己的独到之处，若二者之间可以互相配合，便可实现优势互补。不仅能够对教师的专业水平进行公正的判断，也可以对教师的综合素质进行客观的评价，挖掘出更多专业水平高超、教学风格突出、学生和家长认可的优秀老师。

第四，平台搭建形式多样，提升资源整合效能。平台最先兴起于商业领域，《平台战略：正在席卷全球的商业模式革命》系统介绍了"平台"这一改变人类商业行为与生活方式的概念，后来平台在其他领域得到推广与运用。教育领域也开始搭建平台加强科研学术交流。赛课也需要教育主管部门、学校或者教师本身根据具体需要搭建形式多样的平台。例如：根据教学风格本身进行搭建。教师的整体教学风格是多样性和个体性并存的，让在校和培训机构的老师不分学科、层次、年龄有序参与其中，也可以分别按照学科、层次、年龄进一步细分和组合，让各种学科老师的教学风格进行交流碰撞，在相互借鉴中取长补短，促进教师个体教学风格的多侧面发展。根据具体学科内容本身进行搭建，让处于同一学科的老师不分年龄、层次、级别进行赛课，也可以分别按照年龄、层次、级别进一步细分和组合，比较同一学科教师教学风格和教学手段，近距离直观了解小学、初中、高中，甚至大学同一学科教学风格在不同教育阶段的特点，促进不同层次老师之间的学科知识和教学风格交流学习，同时也有助于高校老师认识基础教育学科特点，基础教育老师获得学科前沿知识，提升课堂知识的广度和深度。

搭建平台，就是要进行教育资源的优化整合，加强老师之间的教学交流。给教师教学风格的形成提供土壤和养分，给更多富有才华和个性的老师展现自我的机会，给教师的专业成长营造良好的氛围，为当地教育部门了解教学实情和实际需求创造条件。

赛课平台多元化是一个庞大的工程，易想难建，其实施和推行难度比较大，会受到许多条件的限制。例如，教育者的思想观念能否转变，政府、教育相关部门能否鼓励支持，地方技术水平和经济实力能否支撑。只有解决这些问题，推行才有可能。对于《超级教师》这个节目，我与同行的张伟老师看到后非常感兴趣，就此共同分析以上问题。我们想说明的是，我们倡导、提议在一线教育中创新赛课形式，并非对传统赛课的否定，而是顺应时代潮流，落实教改课改，借用新理念、新技术对传统赛课进行改造和补充，旨在通过赛课形式的创新带动课堂教学的创新，为教师教学风格的养成探索新途径，为课堂教学的改进提供新思路。

让思品课教学真正有效互动起来

　　师生互动、生生互动是课堂教学过程中的重要组成部分，有效互动能有效促进师生之间、生生之间的互助学习与共同成长，提高课堂教学的效率。

——袁成

教学现象：

　　我们知道，教学应是师生双边教学过程，需要学生与学生之间、教师与学生之间的互动与发展。但目前，教学过程中的互动却发生了变质或缺位。聚焦当前初中思想品德课堂中的互动问题，部分课堂中的"互动"只是形式上的、走过场的，有的甚至是只在公开课上有互动，常态课中教师一人唱独角戏上完整堂课，毫无任何生生互动、师生互动。因此，我认为非常有必要结合初中思想品德学科特点和互动中存在的问题进行反思，调整教育行为，提出一些改进方法，力争采用多种方法促进课堂有效互动教学。

袁成评析：

　　《基础教育课程改革纲要》指出："教师在教学过程中应与学生积极互动，共同发展，要处理好传授知识与培养能力的关系，注重培养学生的独立性和自主性，引导学生质疑、调查、探究，在实践中学习，促进学生在教师指导下主动地、富有个性地学习。注重发挥学生的主体作用，强调师生之间、生生之间的沟通、交流和合作。"

　　那么，什么是有效互动？这个问题需要教师真正明白和理解。笔者认为，有效互动包括两方面，一为有效，二为互动。翻开《现代汉语词典》，将"有效"解释为"能实现预期目的，有效果"，反之则无效；将"互动"解释为"相互作用，相互影响"，也就是要让学生和教师之间动起来。换句话说，有效互动就是教师应遵循学生的认知规律，坚持从学生实际出发，在组织教学中充分发挥学生的主体地位，引导学生积极参与教学的各个环节，在教学中实现教师、学生、教材、教学媒体之间的多边互动。

然而，当前思想品德课"有效互动"中存在突出问题，要么假互动，要么乱互动，要么动太多，最尴尬的是课堂中师生都不动，造成了现今部分思想品德课处于互动难堪和尴尬之境。比如，常见以下几种互动问题：

问题 1：形式单调，课堂成为个别生生、师生之间的互动。

一位年轻老师上《孝敬父母》一课时，提出：作为子女我们为什么要孝敬父母？学生一：父母生我养我，很辛苦；学生二：这是中华民族的传统美德；学生三：这是作为子女应尽的责任和义务，是必须的……老师总共抽了 5 位同学。老师接着问：在生活中我们应如何孝敬父母？老师抽了 6 位同学，但其中就有刚才回答问题五位同学中的四位。在后来的活动中，出现了同样的情况。整个课堂，看似课堂活动的次数比较多，教学的逻辑也很紧密，教师的组织能力、课堂的驾驭能力和课堂的教学效果都比较好，可谓整个课堂滴水不漏。但笔者对回答问题的同学的回答次数做了具体的统计，包括方位（前后左右）上的次数，情况并不乐观。这样的课堂是少数学生的舞台，大部分学生是课堂"局外人"，充当课堂的围观者。究其原因，我认为主要是教师未能设计更有趣的教学情境、更有价值的问题和更有争论性的话题，导致学生为配合而互动，自然也就很少学生主动交流。然而，这样会导致性格开朗或成绩优异的学生更加爱举手、爱交流，而其他的学生也就处于被动与冷落状态，充当观众、听众，久而久之也就对思想品德课毫无兴趣，注意力不集中，甚至激化学生之间的矛盾以及厌烦该学科和该教师。

问题 2：突出学生主体地位，学生互动过多，教师基本不动。

新课程改革提出课堂要以学生为主体，教师是点拨者和引领者，教学中要把时间与空间还给学生。这种理念是正确的，是符合学生未来发展要求的。但在具体教学中，却变质了。如：在交流课中，一位富有经验的教师为了突出新课程理念，在讲《谁为我们护航》一课中"家庭保护、学校保护、社会保护与司法保护是保障未成年人各项合法权益的四条基本途径"这一内容时全部采用"学生情境表演—学生讨论与探究—学生交流—学生总结"的教学环节。从教学形式上看，这样的课堂似乎充分体现了"以生为本"的教学理念，学生在整个教学过程中"真正"动起来了，但教师完全地"旁观"，对学生的讨论、交流和总结基本没有任何指导与点评。我们需要的课堂是希望学生主体地位能够得到体现，但不等于教师不发挥主导作用。教师应适时介入指导、点拨、引领，对学生的回答给予点评，肯定学生做得较好的方面，但也要艺术性地指出问题所在，进行价值引领。

问题 3：课堂热闹非凡，假面互动，无真正互动价值。

这是一堂某地的公开课，教师在讲《多彩的情绪》一课时，一开始学生进行了两分钟的课前自由发言，学生说出了这几天自己的学习生活经历，有开心的也有不开心的，不知道如何调整，后来自己主动找老师、同学帮忙解决了问题。大家对他能主动找出解决办法疏导情绪的做法赞许有加。后面的内容更加精彩，如制作情绪彩带、小品表演、辩论赛等，大多学生都参与了，学生主动参与活动、主动解决问题，一次次得到了老师的肯定与赞赏。这样的课堂确实是来源学生，贴近学生生活实际，教师抓住学生问题"自然"课堂生成，让笔者和其他老师也受益匪浅。下课休息期间，笔者站在教室外走廊，本想了解学生平日是如何培养自己的学习能力的，可学生的回答让笔者大吃一惊。学生谈道，课前教师大概谈了教学内容，并告诉学生要主动回答问题，并以加操行分、课后物质奖励回答次数多的学生为奖励要求，于是大家争先恐后地回答问题。学生交流后，笔者心情顿时复杂起来，不经发出感叹：这样的公开课有多大意义？是为了展示教师的教学能力，还是从问题中寻找解决的办法？教师作假的程度如此明显，学生怎么看待？如果我们的课堂都是这样的假面互动，到底教学能走多远？笔者理解教师上一堂公开课要承受巨大压力，也需准备丰富的素材，更担心公开课不出彩。我们不否认，公开课需要"形式"，但更需要实质内容。

面对如此境地，我们的思想品德教师是否该好好反思并思考以上问题？笔者针对这种情况，提出几个建议，以期能一定程度上给大家启发。

建议1：优化教学设计，拓宽参与宽度。

在教学设计上，教师应优化各教学环节。注重材料的选取，设计有价值、有思考、有意义、有争论性的问题，激发更多学生学习兴趣，让学生想说、有话可说，拓宽学生参与的宽度。根据教学内容需要，开展学生互助探究，可以多种方式进行，如同桌之间、小组之间和临时自由组团等方式开展讨论活动。在小组讨论中，要有小组负责人，负责有序讨论，安排同学记录小组观点和代表发言，让每个小组成员都能动口、动脑，不让部分同学成为观众。这样有利于调动班级学生学习热情，使大家畅所欲言，课堂气氛活而不乱，而且各组之间无形中产生了一种不甘落后的竞争意识和团队意识，让学生更大限度参与教学活动，真正关注了每一个学生的发展。其实，为了能更好拓宽参与面，教师还可以在教学设计中，让学生编排一些小品或组织辩论赛。通过多种形式的学习，让学生主动投入课堂，在活动中让更多学生得到展示，在展示中找到自信和价值，挖掘自己的才华，并从中学习和感悟到更多的知识和快乐。我们相信，这样的课堂气氛是活跃的、有生机的，学生愉悦地畅游在课堂之中。

建议2：转变教师角色，师生互动结合。

教师的角色多样，在课堂中是学生学习的组织者、引导者、点拨者，也是合作者。鉴于此，教师不应机械化地灌输知识、照本宣科，而应打开学生思维，培养学生学习兴趣，让学生主动、积极地投入课堂讨论与交流。教学活动是师生的双边活动，需要充分发挥教师和学生的主动性，更好地实现教师的教与学生的学，让二者真正有效互动。让生生互动起来，教师可通过想一想、写一写、议一议、画一画、辩一辩等活动形式来完成某个教学环节，这样多元化的方式有助于打开学生思维，真正让学生脑、手、口、身都动起来，有助于活跃学生的思维和情趣，不仅使学生动脑、动手、动口、动身，让学生不再是被动接受而是主动获取。教师角色的转变，让教师不再是课堂的主角，不再是绝对的权威。师生共同互动，平等交流与对话，尊重了学生的话语权，让学生能真正表达内心的声音，教师能真正了解学生的情感、态度、价值观，帮助学生形成积极向上的人生态度和正确的价值观念。

建议3：回归常态课堂，关注课堂生成。

我们不得不承认，公开课、优质课赛课在一定程度上具有不可避免的功利性，这使许多教师内心纠结。究竟呈现什么样的教学活动才能符合大众口味、符合新课程改革？究竟要形式还是要课堂质量？然而，部分教师还是倾向于形式较多、质量偏低、过于功利化的公开课，甚至在课前就与学生演练一遍。于是，我们在听课中，就会看到生生之间、师生之间的"有效互动"，课堂"异常精彩"。然而，静下心来回忆和思考课堂中的互动，不难发现，一些问题已经超越了学生的认知程度，教材中的一些难点怎么轻而易举就被突破了？如今，更多的教师都在呼唤常态课，进而推崇并喜欢常态课。笔者认为，不管是公开课还是赛课，都不应成为华丽的表演课，教师应打消疑虑，回归到原生态的课堂。在真实的课堂中才能真正发现自己的教学问题以及学生的疑虑与问题。教师可在课前要求学生在课余认真阅读和查阅相关资料，提出几个有价值的问题，还可以让小组内部先解决，提高学生发现问题、探究问题和解决问题的能力。课堂的预设是必要的，但生成才是更重要的。只有更关注学生的生活实际和情感世界，才会真正让课堂互动起来，师生也才能实现共同成长。正如一位特级教师说过："一节好课应该是常态下的课，课堂的价值在于师生碰撞，相互讨论，生成许多新的东西。这样的课称为平实的课，不仅现在可以上，而且什么时候都可以上……不管谁在听课，教师都要旁若无人，心中只有学生。"

"一节好课应该是有待完善的，它不可能十全十美，但它应该是真实的、不粉饰的、值得反思的，可以重建的课。"教以学为基础，教为学服务，这是最基本的现代教学理念。课堂中的互动不能是为互动而互动，为形式而互动，为活跃课堂而互动，应围绕新课标、教学内容和教学方式的需要而互动，这样才是真正的互动，也才能真正让更多的学生参与进来，学生也才能真正有所获。

集体备课走向集智备课的教研新形态

> 集智备课是新时期下教研组教研的新形态，聚集教研组集体教师智慧，带动每位教师积极深入研究新课标、教材、学生和教法，集思广益、博采众长，开发每位教师的最强大脑，打破单兵作战低效的现状。
>
> ——袁成

现实现象：

集体备课在促进教师共同合作和专业发展上有一定的效果，但是集体备课也存在着有形与无形的弊端。当前，一线集体备课在具体实践中，形式大于内容，它并未产生应有的效果和影响。早在 2005 年《中国教育报》曾刊发过关于"集体备课"的研讨文章，有的教师认为"集体备课再怎么改良也没有什么实际意义"，还有的教师认为"集体备课形式主义严重"。由此可见，集体备课饱受质疑，其对教师专业成长、备课组建设及教学质量的提高有待再思考和再改进。在素质教育和新课程背景下，集智备课越来越被教师们所认识和接受。集智备课是一种有效提高教师专业发展的路径，能激发教研（备课）组的热情和活力，能有效解决教育教学中的实际问题，尽可能满足不同学习层次的学生和促进学生的个性发展，进而打造一个平等交流、互帮互助、相互引领、共同发展的可持续性教研组。

袁成评析：

一般情况下，备课组或教研组进行集体论课被称为"集体备课"。在《静悄悄的革命》一书中，谈道"在集体备课中，老师们以一个共同关心的课题或问题进行有准备的研讨和分享，彼此敞开心扉和思想，形成一种互相支持、互相帮助、互相促进、彼此分享、和谐共进的同事关系，这种关系为合作性同事"。虽然集体备课在促进教师共同合作和专业发展上有一定的效果，但是集体备课也存在着有形与无形的弊端，集体备课饱受质疑，其对教师专业成长、备课组建设及教学质量的提高有待再思考和再改进。

爱因斯坦曾说："学生对教师的尊敬的唯一源泉在于教师的德和才。"作为初中思想品德教师，更应具有过硬的专业知识和品德修养。处于新时期的思想品德教师是素质教育的践行者，走专业化之路是顺应改革的需求，是新时代对教师终身学习的要求，是教师自主成长的核心，唯有这样才能不断实现自身的专业成长。笔者自大学毕业一直就职于棠外，有如今的成绩与棠外初中思想品德教研团队的指导和培养分不开。笔者在教研组引领下拓展了思路和视野，更新了教育理念，丰富了知识领域，专业化之路不断发展。然而，近几年笔者在很多地方参加各种会议时，在与初中思想品德教师交流中发现了一些问题。一些学校以教研组组长思维为中心，其他教师缺乏自己的见解，敷衍、附和、跟风思想严重，这样形式上的"求同"毫无效果，不但不利于对问题和课程的认识，而且还不利于教研组成员的共同提升。教研组集所有教师之力进行研讨，最终目的就是为了形成最终的"有形成果"，如教案、课件等，然而这样的工作只是其一，却不是研讨的核心所在。教研组进行研讨，应重视"集智"，让每位教师有目的地准备和发言，讨论范畴扩大，从研读新课程标准、教学重难点定位、教学环节、过渡语、教学方法、教学案例等是否恰当和科学入手，换句话说，不应只关注教案各个要素，而忽略教师个人和授课对象的特殊性和个性。

一所学校的发展取决于教师的师德修养和专业知识技能，拥有一支师德高尚、业务精湛的教师队伍，形成学科特色，进而提升教育教学质量，培养出一大批优秀的学生，最终形成良好的社会口碑，吸引更多的优秀教师和优秀学子加入学校，为学校生态发展和学科建设提供强大的保障。棠外在全国范围内自主招聘各科优秀教师，中青年教师搭配合理，实行师徒结对、青蓝工程、骨干督导团队，教研组组长与备课组组长人人献课示范，每月不定期抽查教案、课堂督导、指导青年教师授课技巧情况，在各个活动中突显"集智备课"，让更多的教师在备课中分享教育智慧，大大提升了教师们的教研能力和认知水平，也渐渐地形成了学科教研特色，实现棠外教育教学可持续健康发展。

结合一线实际情况，笔者谈谈实现"集智备课"的几个建议，供同行参考。

1. 教师心中有数，有备而来

所谓教师心中有数，即明确集智备课的真正内涵和如何集智备课两个方面。教研组所有教师集体学习"集智备课"相关内容，对其进行多角度解读，并且分初一、初二、初三备课组分组进行研讨，提出模糊或不理解的地方，最后搜集各组的问题，在教研会上集体思考、讨论和解决，以保证让每位教师在思想层面清楚明白"集智备课"的深层次内涵；另外，新课程倡导自主、合作、探究式的学习方式，以学生为主体的教学方式，教师不再是课堂的主角，课堂的主角应是学生。那么，在集智备课中，教师个人应以自主为前提，对所讨论的问题首先自己下足功夫，查找相关资料，理清思路，将自己经过多次研究后确实无法解决的问题做好批注，将相关设计和问题以文档形式上传到教研组 QQ 群或打印出来交给各组负责人，各组负责人提前组织该小组教师进行学习与探讨。这样在教师自主基础上再与教研组教师合作和探究，才会碰撞出更多的思维火花，将教师个人的教育思考与教研组众多教师的智慧有效结合，发挥最大效应，使得备课有目的性、针对性和实效性。

2. 以备课组为载体，夯实集智备课

备课组是教研组的组成单位，二者既是从属关系，又有共同的职责，彼此相互联系、密不可分。比如：教研组设立一名教研组组长，每个年级设立一名备课组组长，学校统一设立备课组组长与教研组组长各自的职责范围和考核标准，建立备课组教研制度，研培处定期进行检查和评定。备课组组长在集智备课中担负起组织、引领作用。具体而言如下：一是创建互助的学习共同体。年级组三位教师提前备课，组织年级组思想品德教师进行讨论，将自己的备课教案、课件及资料公开，互相探讨采取哪些合理资源，并且将以往本课的重难点、学生易错点和盲点进行剖析，同时，将以往授本课的教学反思（包括成功之处和遗憾之处）与备课组教师共同分享；二是发挥备课组集体备课的最大作用。每周至少开展一次备课活动，以及通过 QQ、微信等互联网方式进行不定期研讨，研讨内容包括课标解读和教材解读，备课组教师进行互相提问和回答，进而达成基本共识。

3. 实践反思，形成优秀备课指南

集智备课的目的是为了加强备课组教师的交流，互补互助，实现 1+1+1 > 3 的备课效果。经过教师个人自主备课和备课组集体讨论后的"两次备课"，备课组教师已能对教材内容、教学流程及资源开发等方面有了清晰的认识和思路，这样，综合个人与集体的智慧授课。教师可以在前两次集智备课的基础上，在自己所教班级学生实际情况和课堂教学实践基础上再次总结与反思，进而进行"第三次备课"，形成具有可操作性、针对性较强的备课指南。我校初中思想品德教研组针对初中教科版思想品德七年级至九年级各课设计了备课指南，并作为校本教材供不同年级教师参考和使用，全校师生受益。

集智备课打破了教师单打独斗、备课组形在魂散的状况，发挥教研组每位教师的主观能动性和创造力，博采众长，将教研组所有教师的智慧汇集在一起，让每位教师真正受益。比如，我校初中思想品德教研组形成了一支富有战斗力、凝聚力和向心力的教研团队，完善了教研组和备课组制度，实行了师培骨干团队，形成了愿分享、共进步、齐奋斗的教研文化。另外，集智备课让每位教师教科研"发光发热"。教研组在集智备课下积极反思，撰写学科论文，从教材分析、课堂教学设计、教研组教研、评讲试卷等方面进行议题，写出了较高质量的科研论文。如：笔者的《政治教研组在课例研究中进行观察课堂的实践与思考》和左晓华老师的《关于说课——以远离危险，拒绝侵害之微信"摇一摇"一课为例》获得四川省教科所初中思想品德优秀论文评选一等奖，杨灿老师撰写的《思品课教学设计中需要注意的几个方面》、方思媛老师的《中学政治课堂开展探究性学习的一些思考》等文章在2016年成都市中学政治专业论文评选中获二等奖。

最后，笔者抛出一些未来可具体、深入探究的问题供大家思考。其一，面对教育教学的质量压力和繁重的杂事，集智备课如何更好给予时间保障？如何能更好发挥全体教师的"集体创造性"和"智慧性"，以促使教研组、备课组教师将智慧发挥到最大化？其二，刘坚教授曾指出："老教师与年轻教师之间，语文、数学和美术、音乐教师之间，一线教师与教研员之间，不管学历与职称的高低，大家在学术上是平等的，充分尊重每个人的成果，充分调动每个人的主动性、积极性和创造性。"换句话说，即不因年龄大小、不因职称高低、不因教龄长短如何建立平等的、互助的、共享的教研氛围？其三，面对教学质量考核，如何将考核方案更加完善，以突出个人成绩和备课组集体成绩？

通过集智备课，让我们了解了如何有效、高效地集教研组所有教师智慧备课，将每位教师的闪光点凝聚在一起，改变固有教研组组长或备课组组长唱独角戏的教研氛围，也改变教师单打独斗、孤军奋战的现象。在这样的同伴互助、名师引领下，集智备课成了各学校教研组教师专业成长的有效方法，也成了持久发展的有效师培方式。我们相信，在这样的理念下，一个充满生机与活力的教研团队会更加发展与壮大，教育教学质量将有所提高。

第六篇 | **对话媒体**

—— 让专业对话与沟通成为常态

    思想品德课是塑造人心灵的德育课程，思品课教师要激活思品课知识的基本价值，发挥品德课德育功能，唤醒人的生命本真，体现思品课程价值。通过与媒体对话，正视社会现象、发现德育之美、知教师之行，发挥思品教师之力量，培养学生、家长、教师的理性态度，让他（她）们不仅知善更要行善，不仅知法更要守法，自觉修身养性，形成良好的德与行，促进社会和谐发展。

中国观念 VS 英国观念

报刊：《教育导报（家庭周刊）》第 12 版
时间：2015 年 9 月 25 日
专题：中英教育碰撞
记者：吴宇婷

火星撞地球

2015 年 8 月，一部只有三集的记录片在中英两国引发争议。纪录片中，5 名中国教师远赴英国某中学"支教"，将中国传统课堂与传统教育方式带进英国学校，由于观念不同，师生屡发冲撞。纪录片虽带有导演的个人导向，但其反映的部分"碰撞"却令人反思。究竟我们的学生更适合哪一种教育方式？我们的教育还应如何改善，才能让学生更好地成长？

集体主义 VS 个人主义

中国：课间操、升旗、课堂纪律是中国学生每周，甚至每天都会面对的事情，也是集体主义教育的一种体现。纪录片中，某中国老师强调："你们说话，耽误了课堂的进度，耽误了其他学生上课的进度。"

英国：当"集体主义"走进英国，我们发现了什么？我们一些学生较为反感的课间操，英国学生却并不排斥，反而对这项运动非常好奇。英国学生在片中说："我喜欢大家在同一时间做同一件事情，这让我们知道，我们是一个集体。"但他们对升旗仪式感到不解，认为"国旗大家都认识，每天都挂在那里，为什么周一一定要去看着它升起来？"

袁成老师点评：

英国注重个体教育，尊重学生的个体发展。中国有集体的教育大纲和集体的教育方向，由于学生人数多，老师的责任也很重大，当个别学生出现懒散行为时，必须纠正，以防集体效仿，出现这种情况，只能说中英两国的教育因国情不同而存在一些差异。

教师，你的心愿是什么？

报刊：《现代教育报》第 11 版
时间：2016 年 1 月 4 日
专题：2016，老师的 16 个心愿
责编：何文洁

2016，我希望专业发展能上一个台阶；

2016，我希望增强互联网思维，做好"数字化教师"；

2016，我希望"加薪"；

2016，我希望告别单身；

……

2016 新年伊始，本期特刊征集了部分一线教师的心愿，从中选出 16 位比较有代表性的，展示于此，一为记录，二为见证。

2016 年，我们将脚踏实地，辛勤耕耘，共同见证心愿变成实现！

——编者按

播下健康的种子　结出幸福果实

2016 年元旦之际，我们收到了全国各地老师们发来的新年愿望，"拥有健康的身体""遇见更好的自己""有更融洽的人际关系"等与教师幸福健康相关的讨论越来越多，身体健康、心理健康、人际和睦是教师们不变的追求。让我们在新年播下健康的种子，开启 2016 年新的行程吧。

心愿 11　拥有健康

袁成（四川省成都棠湖外国语学校）

"2016，我想来一场说走就走的旅行""2016，我想多些时间陪伴孩子"……最近身边很多朋友都在畅想 2016 年的心愿。回首过去的一年，总是在忙碌中过度。当母亲给我打电话说回家吃羊肉汤时，我才发现原来已冬至，这一年已悄然离去。当我梳理这一年的点点滴滴时，也在问自己我的愿望是什么呢？

虽收获了些许成绩，但透支了身体。试问："如果教师的身体都出现问题，又怎么胜任自己喜爱的教育事业呢？"

法国启蒙思想家伏尔泰曾说："生命在于运动。"然而，时代在不断变化，知识在不断更新，这对教师提出了更高的群体要求。我们在不断努力工作与学习的过程中却忽视了体育锻炼，淡忘了"身体才是可持续健康工作的本钱"这一简单的道理。我们每一个人最宝贵的就是生命，保持生命的旺盛基础是运动，保持健康的身体在于锻炼。还记得古希腊名医希波克拉底曾说过："阳光、空气、水和运动是生命和健康的源泉。"从这句话可以看出，医生从健康角度提醒我们，运动与阳光、空气、水同等重要，彼此相互联系，密不可分，四者成为一个正常人的生理需要。"袁老师，平日您不要一直坐在办公室办公了，您出去跑跑步、打打篮球吧，您的健康是我们最为关注的问题。""袁老师，您对学生的爱，作为家长我们深受感动，但也请您好好爱惜身体，多加锻炼……"这些都是学生和家长发来的祝福短信，这是 2016 年我收到的最好礼物。

教师个人事业成功的基础在于良好的体魄，有了良好的身体素质，才能更好地工作，这也是对自己、对家人、对学生及对家长负责。

2016 年，"老师们，让我们一起奔跑吧！"

政治课改名，你怎么看？

报刊：《教育导报（家庭周刊）》第 1 版
时间：2016 年 6 月 3 日
专题：教材改名了"法治"走进政治课
记者：吴宇婷

"思想品德不再只讲品德了，还开始系统地讲法治了。"近日，教育报办公厅发布《关于 2016 年中小学教学用书有关事项的通知》，从 2016 年起，义务教育段的思想品德教材名称将统一更改为"道德与法治"，新教材也将更突出"法治"内容。

《教育导报（家庭周刊）》第 1 版刊登了《教材改名了"法治"走进政治课》的专题报道，分为"现状：不少学生'不懂法'""培养品德，更培养'法律意识'""如何上好这门课，值得思考"三个板块。下面是记者采访袁成老师时所有的文字资料，正式刊登时有删改。

记者：在之前，你教思想品德课的时候，在教学上，或者学生的吸收上，有没有困惑和困难？具体的例子是什么？

袁成：思想品德课是学校进行德育教育的主阵地，作为思想品德教师，在具体教学中仍有困惑和困难。比如，初一、初二更多是心理教育和品德教育，而初三主要讲国情、经济、文化等内容，内容较为抽象，学生的心理和认知角度都不太适应内容的巨大变化。另外，在成都市中考中，初三知识较为浓重，初一和初二知识考点较少。初三时间较为紧张，内容过多且难度大，进度无法像初一和初二一样"顺利"，因此，学生难学、教师难教。

记者：在现有的国家课程体系中，政治课在不同阶段有不同的名字，小学叫品德与生活，初中叫思想品德，高中叫思想政治。这三者是否存在递进关系，他们之间的关联又是什么？会不会存在重复教品德的现象？

袁成：小学、初中、高中三个阶段政治课的名称不同，但他们之间的关联是对知识的进一步认识，对问题多角度的思考，是一种螺旋式上升。当然，在教材中，会存在一定的"重复"现象，然而这种重复并非内容完全一致，而是对原有知识的深化和理解。每个阶段对该内容有不同的三维目标，因此，需要教师认真研读课标、研究学情和研究评价方式。当然，这就需要小学、初中、高中政治教师将小学至高中的教材和试题学习一遍、理解一遍和研究一遍，理清不同阶段讲解的深度与难度，才能有效适应不同阶段学生的学习。

记者： 近日，中小学思想品德课本改名为《道德与法治》，改名也意味着内容的改变。据了解，当下的内容更突出法治。作为政治老师，你认为法治、懂法对学生来说有什么样的作用？

袁成： 2016 年起，小学和初中起始年级的《品德与生活》《思想品德》将统一更名为《道德与法治》。这是 1949 年以来，"法治"二字首次出现在义务教育阶段的政治课程名称中。课本突出法治，我认为更多是考虑当前社会发展的迫切需要，从义务教育阶段开始培养学生的法治意识，让学生了解法律的重要性，并且能运用到生活中，以合法的方式维护自身合法权益。

记者： 为什么以前的教材没有突出法治，而是突出品德呢？

袁成： 我认为应该是由于我国人口众多，为了更好地提升国民素养而重在倾向于品德教育。我国实行九年制义务教育，学校成了重要的品德教育阵地。然而，随着社会快速发展，当前社会处于转型期，未成年人犯罪比例不断攀升，校园暴力事件、侵犯他人或社会利益的现象时常发生，因此，在义务教育阶段突出法治教育真是迫在眉睫。

记者： 当下校园存在欺凌问题，社会上也有很多法盲，常因为不懂法律而闹出笑话。作为政治老师，您觉得这是否与政治教学有关？您觉得政治教学应如何改善？

袁成： 我认为有一定关系。我在各级培训中对老师们强调，思想品德教学应该回归学生生活，教学中选取的案例或资料要贴近学生最近发展区。在教学中，要做好各方面法治教育，引导学生认识到法律的威严，更重要的是教会学生运用法律手段保护自己。

记者： 以前学生上政治课，总觉得就是马克思主义，而且很难感兴趣，包括中小学的品德课也存在说教问题。这样的效果如何？

袁成： 说教导致的结果肯定是学生厌学，进而引发教师厌教、师生关系紧张。其实，我们的课程非常具有可开发性，内容是十分丰富的，留给教师的空间很大。思想品德课不是说教课，应更多选取学生身边的事例和多种课堂活动来让学生真正体验，让学生说心里话，这样，教师才能够真正了解学生的"三观"，对其进行有效的引领。

记者：那您觉得教材如何改善才能增强趣味性，让学生更好地吸收？

袁成：教材是学生最直观、最重要的课程资源，当然也只是参考。我认为首先在顶层设计上需更加注重情感、态度、价值观板块，突出法治教育，增强学生的法制意识和品德意识。其次，图文结合，图片和文字的选择应贴近学生生活，适应学生发展，不可过于成人化和低龄化，让学生感到困难或者过于儿化。最后，我还有点个人建议，教材是静态的，具有相对滞后性，也不可能随时更改。教师要根据学生具体学情善于开发"教材"，重组教材，适应学生的认知规律，去除过难、生涩的词语，通过教师积极主动地研究，教材就更加富有活力和生命力了。

教师开公众号　课堂搬上网

报刊：《现代教育报》第 11 版
时间：2016 年 9 月 26 日
专题：教师开公众号　课堂搬上网
责编：郑欣　　郑祖伟

　　三尺讲台还是教师们唯一的舞台吗？当然不！微信时代，越来越多的老师开起了个人公众号，把课堂搬上了网上，传递知识、传播理念，受到学生、家长、老师们的热捧，有的老师的受欢迎程度甚至堪比"网红"。今天，小编特推荐几个在圈内颇具影响力的微信公众号，和您一起感受互联网的魅力。

——教师话题

现代化手段助推教师专业成长

微信公众号：与品格同行
创办者：袁成（四川省成都棠湖外国语学校初中部教师）
开通时间：2016 年 1 月

　　"与品格同行"微信公众号于 2016 年 1 月 23 日开通并运营。作为一线教师和班主任，我结合学生、家长、教师群体等对象，敢于创新，希望能通过自己的微薄之力为教育发展贡献力量。"与品格同行"微信公众号秉持"优秀人格是最高学位"的教育理念，通过这个平台分享育人经验、传播符合孩子成长的新理念与方法，分享教学中的优秀方法，服务班级管理，坚持做一名智慧育人型教师。

　　我的微信公众号中有两个子栏目特别受学生和其他老师的欢迎，分别为"教研"和"德育故事"。"教研"主要针对初中道德与法治课教学中的重难点、易错点和考点，同时还上传优秀教学案例、复习资料供学生网上自主选择学习，同时还包括教师成长方面的教学策略，比如《八年级（下册）教科版期末单元重点知识》《教师课堂十六忌》《老师，请放大学生的优点》等；"德育故事"是课堂教学的补充与延伸，主要目的是为了服务于教学，帮助学生对课堂所学再次加深与强化，例如《与众不同的背后，是无比寂寞的勤奋》《没有行动，再美的想法也等于零》《做最好的自己，才能碰见最好的别人》等，学生从中收获颇多，更加明白了如何用行动去践行，如何才能遇见更好的自己。

通过一段时间的运营，我觉得微信公众号是教师可持续发展的"加速器"，有利于教师不断地完善自己，以适应发展的教育大环境，更重要的是，能帮助更多的学生健康成长。

教师成长从"心"开始

报刊：《未来导报》第 5 版
时间：2016 年 10 月 28 日
专题：教师成长从"心"开始
本期主持人、责编：赵海峰

上期教师周刊，我们围绕教师职业的六大"累"，开设"心声"栏目，倾听了班主任的苦与乐。本期，我们聚焦教师职业发展，听听老师们在自身成长和专业发展过程中都有哪些困惑，在提升自身专业素质方面都有哪些好经验。

《未来导报》第 5 版《教师》栏目刊登了《教师成长从"心"开始》的专题探讨，分别从以下几个方面关注教师在专业发展中的困惑与经验：心声——品尝"苦乐"滋味，收获成就与快乐；思考——用"心"从教，激活成长动力；建议——学习交流，用笔尖记录成长点滴。

下面是袁成老师在与主持人、责编赵海峰老师对话时的文字资料，正式刊登时有删改。

主持人：许多老师都说，当了这么多年老师，每天干的都是一样的活：备课、上课、批作业。有些人当了一辈子老师，到退休的那天干的活还是和初入教坛的年轻老师干的一样，什么成就感都没有。老师们反映，做老师上升空间太小。

一位老教师说，三十年前，自己当了老师，朋友是企业小职员；三十年后，自己还是老师，可朋友已经成了企业领导。老师们社会化过程被省略。听了这些，我想听听您的看法，以下问题您可以选择性回答。

1. 您的教龄是？
2. 您觉得每天去学校上课是一件让您兴奋的事还是一件不得不完成的工作？
3. 作为教师，您觉得您的工作用"丰富多彩"形容还是用"一成不变"

形容？请具体说说。

4. 在您看来，这些年自己成长了吗？请具体说说。

5. 您觉得当老师有成就感吗？成就感如何获得？

6. 对于个人成长和专业成长，您有什么好经验吗？请具体说说。

7. 如果再让您选择一次，您还会当老师吗？

8. 您理想的职业是什么？

袁成：我是 2008 年大学毕业就入职做了教师，承担初中思想品德教学和班主任工作。记得小学二年级老师问我们长大后想做什么时，我写下一句话——我要成为优秀的人民教师。就这样，带着理想克服所有困难，努力去拼搏。为了上好每一堂课，我都精心准备和打磨，做到心中有数，带着与学生共同学习与成长的心态走进学校、走进教室、走进学生。八年多的教育教学经历，我的世界因有学生和家长的存在更加丰富多彩、快乐无比，我的内心充满成就感——办公室成为学生谈心的"心灵屋"和家长交流的"咨询室"；一周与学生进行一次心灵沟通，关注每一个学生的心理世界；课外活动丰富多彩，每学期都有不同的主题活动——水果拼盘比比美、故事讲述大赛、寻找春天的美、爱心游园活动、校内社会实践、让爱大声说出来、中秋团圆大聚会、一期一集体照……活动让学生更自信、更快乐，让班级凝聚力更强，让师生关系更加和谐温暖；课堂上秉持"以生为本"的教育理念，坚持课堂内容贴近学生生活，使课堂有生成、有温度、有笑声、有掌声，我的课堂使学生着迷……因为这样，"教师"不仅是我的职业，更是我的事业。一直以来，我不断创新教学方法和德育方式，教育教学取得了丰硕的成果。然而，我最大的成长是懂得教师要有一颗慈悲之心，用教师的善激发学生的善，用教师的正能量引领学生做好人。如果上天再给我一次机会让我重新选择我的职业，我想说：那请再给我一次机会让我成为人民教师吧！

我的梦，教师梦！

为安全骑行加一张"证"

报刊:《教育导报(家庭周刊)》第 8 版
时间:2017 年 6 月 16 日
专题:为安全骑行加一张"证"
记者:吴宇婷

共享单车的普及给城市带来了新风貌,也增加了新隐患。不少小学生在好奇心的趋势下,将它变成上学的代步工具。这些骑车的孩子都年满12岁了吗?驾驶技能过关吗?上路安全吗?为加强小学生的交通安全意识,近日,成都市人民北路小学联合成都市公安局交警二分局,对学校年满12周岁的学生进行自行车驾照考试,这天,凡是驾驶技能通过测试的学生都获得了一张可以骑车上路的"资格证"。

一场自行车驾照考试

上午 9 点左右,一场特殊的考试在人民北路小学的操场上开始了。只见草坪上设置了机动车道与非机动车道的模拟道路,几米开外还有模拟的十字路口、红绿灯以及执勤交警,在学校老师的安排下,听完道路安全讲座的学生们,轮流骑上挂有"驾驶技能考试车"标志的共享单车,按照交通规则开始了"路考"。

据介绍,此次测试包括绕桩、线路识别行驶、信号灯提示等项目。为了检验学生们的驾驶技能,交警设置了桩桶路障,通过蛇形绕桩考察同学们转弯的流畅性及操控表现。

控制车速是六年级学生钟××的弱项,转弯也是她的难题,绕桩测试中,她因为车速过快少绕了一个桩桶。"我平时对自己的驾驶技能还是挺自信的,通过测试,我发现,还是要多加练习,上路要小心谨慎。"她说。

六年级学生袁××则对交通规则有许多不了解,她分不清亮黄灯时还能不能过马路,通过交警的讲解,她懂得了,黄灯亮起时,若有部分车身越过了停止线,则可以继续行驶。

　　为了让学生更清楚共享单车的使用规则，考试还引导学生了解共享单车停放点，有序地停放共享单车，并且强调，只有年满 12 岁的孩子才有资格骑单车上路。

　　测试结束，交警为通过测试的同学颁发了《自行车驾驶技能合格证书》。拿到资格证的学生开心地说："证书意味着我们具有独立骑车上路的能力和资格啦！"

　　人民北路小学德育处主任李柏寿说："由交警颁发证书，对学生来说更具有警示作用，让他们清楚 12 岁是一个分界线，对行车安全引起重视。"

有骑行能力　有资格上路

　　不久前，一名小学生一分钟之内解锁共享单车的新闻在网上引起争议，不少家长表示担心，"以前，我们可以通过不购买自行车，避免孩子骑车上路。但现在满大街都是共享单车，孩子的安全该如何把关？"李柏寿也发现，像 ofo 这类每辆车密码固定的共享单车，学生可以通过密码按键的凹凸等漏洞，几次尝试就成功开锁，还有一些忘记上锁的共享单车，学生可以直接骑着上路，安全隐患多。

　　记者通过观察也发现，在车辆少的街道，常有未满 12 岁的孩子骑着共享单车玩耍，甚至有孩子身高不够，几乎是"站着骑车"，非常危险。

　　"未满 12 岁的孩子骑车上路的问题一直存在，只是如今共享单车多了，问题有严重的趋势。"刘警官表示，自己执勤时遇到类似情况都会制止，但制止是否有效，孩子是否以后就不骑了，他不得而知。更让他感到担心的是，一些家长对此并不上心。

　　"一些家长认为孩子已经具有了独立骑行的能力，便默许孩子骑车上路，不想后果。"李柏寿认为，这些家长的安全意识非常薄弱。正是基于这些现象，成都市交警二分局才联合学校"主动出击"，安全意识"从娃娃抓起"，通过有仪式感的活动，让孩子明白，具有骑行能力不等于有资格骑车上路。

　　"在共享经济的时代下，提高孩子的公共素养非常重要。"小学生骑共享单车的现象一直受到成都棠湖外国语学校教师袁成的关注，他认为，这是共享经济时代对家长、学生的自觉性提出的新考验。他建议，学校对家长进行安全意识的宣传，提高家长素质，与家长形成教育合力，让家长成为合格的校外监督人，通过合适的方式告诉孩子安全骑行的重要性及后果的严重性，自己应以身示范。

　　记者手记：

　　有数据显示，近年来全国学生安全事故中，交通事故占 20%，学生死亡人数超过了全年事故死亡总人数的 60%。而在学生交通安全事故中，45%的事故因学生安全意识淡薄而发生。

在德国，政府管理自行车像管理汽车一样严格，规定 8 岁以下的儿童骑自行车须在人行道。小学期间还有一个针对儿童骑车上路的考试，孩子们通过考试后，方可单独上路，并要求他们骑车时必须戴头盔。所以，考单车驾照对小学生意义重大，它不仅是驾驶能力的合格证，更是安全意识的有效落实，让孩子明白，"会不会骑"和"能不能骑"完全是两码事。

文字来源：《教育导报》（家庭周刊）第 8 版

附：其他采访内容

记者：共享单车进入社会后，您有没有看到许多未满 12 岁的孩子骑车上路，或者骑车玩耍的？他们是在家长默许的情况下，还是自己开锁的情况下骑车的？

袁成：在很多地方，特别是郊区，未满 12 岁的孩子骑单车的情况还比较多。然而，按照我国《道路交通安全法实施条例》规定，骑行自行车须年满 12 周岁，但未满 12 岁的未成年人违规骑行的现象屡有发生。

如今，由于一些家长平日工作繁忙或者素质问题，常常主动开锁并默许孩子骑共享单车，在各街道、小路乱窜，非常危险。另外，也不排除在家长不知情的情况下，孩子与其他孩子共同私自开锁、撬锁，造成部分共享单车损坏现象严重。同时，这样做的后果就是无形中让孩子学会找漏洞，养成恶习，缺乏社会公德，甚至一步步走上违法的道路。

记者：您认为这样的情况有多危险？为什么会出现这样的现象？

袁成：我们经常在路上看到一些小孩子骑着单车在车流中穿梭，在路上嬉戏打闹，这样极易出现摔倒、撞车等意外事故，出现矛盾，阻碍交通等。

出现这种现象的原因多种多样。如：（1）家长和孩子不知法、不懂法，法律意识薄弱。早在 1988 年我国颁布的《道路交通管理条例》中就明确规定，"未满十二岁的儿童，不准在道路上骑自行车、三轮车"。在 2004 年发布的《道路交通安全法实施条例》也提到"驾驶自行车、三轮车必须年满 12 周岁"。（2）学校法制教育力度不够，相关学科教师或负责部门应及时抓住社会热点、社会现象对学生进行法制教育。（3）社会现象频发，小孩子生理、心理发育不成熟，缺乏明辨是非的能力，盲目跟从，同时受社会群体的压力和影响，自控力和抵抗力比较薄弱。

记者：站在教师的角度，您认为家长如何把好这一关？学校又该如何把好这一关？

袁成：家长应了解相关法律法规，通过合适的方式与孩子共同分析其问题的严重性，以身示范。

  学校可以对学生开展相关主题班会课，以及与思想品德教师沟通在课堂教学中选取这方面素材，加强对学生进行法制教育，让学生共同讨论、探究，让学生从内心中认识和反思；还可以开展家长会，对家长进行宣传，提高家长素质，与家长形成教育合力。

你说什么？我听不懂

——关注网络时代"亲子代沟"的加深

报刊：《教育导报（家庭周刊）》第 3 版
时间：2017 年 6 月 23 日
专题：你说什么？我听不懂——关注网络时代"亲子代沟"的加深
记者：吴宇婷

网络时代用语日新月异，如今，即使和孩子面对面交流，父母也未必听得懂孩子在说些什么。作为网络"原住民"，"00 后"有他们的世界和语言，网络词汇使亲子沟通越来越困难，成年人与孩子之间的鸿沟逐渐增大，也让亲子关系面临新的挑战。

网络"移民"遇到"原住民"

——孩子的话父母"听不懂"

成都市××小学家长刘女士发现，自己越来越"听不懂"女儿说话了。临近"小升初"，女儿常说"香菇"，她问孩子，是不是想吃香菇了？孩子捧腹大笑，说："妈妈，你太 low 了。""怎么'陋'了？"刘女士疑惑。孩子解释，"'low'是落后、没有格调的意思。"

本来想好好和孩子交流一下近期学习压力是否太大，结果因为语言不通，沟通失败，刘女士感到，教育孩子越来越难了。

同校学生家长杨女士最近也为亲子沟通烦恼，前两天，她收拾女儿书包时发现了一张纸条，上面写着："我要立个 flag，这两天，再买一个王者荣耀的皮肤。""66666666。"杨女士头都大了，"我完全不知道孩子在说些什么，这让我感到恐慌。"

成都棠湖外国语学校政治教师、成都市优秀班主任袁成也遇到了类似的问题。考试前，学生们常开玩笑说"先定一个小目标"。从网上了解才知，这是王健林接受采访时说的一句话："我先定一个小目标，比如挣一个亿。"因目标并不小，而成为新的网络语言。袁成老师因此而担心："网络的快速发展增加了交流鸿沟，也增加了教育的难度。"

中国青少年研究中心的调查数据显示，10 岁以前上网的孩子超过六成，近三成在 7 岁以前就开始接触网络。在他们的眼里，父母和老师都是地球上的"俗人"，而他们是知晓天文地理的"月球人"。

媒介丰富增加了教育难度
——孩子和家长生活在两个圈子

刘女士认为，家长和孩子本身就处在不同的生活圈里，如今，网络将圈子划分得更加明显。"孩子有他们喜欢的明星、歌曲以及语言，而大人的圈子谈论的都是教育、投资、养生等，两个圈子几乎没有交集，从而出现巨大的鸿沟。"

在中国青少年研究中心少年儿童研究所所长孙宏艳看来，一些父母只喜欢聊"有用"的话题，认为购物、电视剧、网络游戏等是"无用"的，但这些话题恰恰是孩子特别感兴趣的内容。他们还对网络时代的生活方式有着天然的抵触情绪，生怕孩子用手机、电脑这些新技术去娱乐，巴不得孩子随时随地学习。从而导致"00 后"也有意与父母"划清界限"。

袁成发现，"00 后"接受新事物更快，网络使用技术很大程度上已经超越父母，认为父母跟不上潮流，也会无形之中架起一座"代沟桥"。

一项调查显示，半数以上的中小学生网民认为自己的用网水平比父母高，认为比妈妈高的占 60.1%，认为比爸爸高的占 50.8%。

此外，媒介的丰富也增加了沟通的难度。中国青少年研究中心的一项调查研究显示，青少年对社会的认识、价值观、人生观 90%来自于媒介，而媒介中新媒体是主体。"成长在网络环境下的孩子，从小接触的是数字阅读，他们习惯了使用网言网语，这确实使成年人与孩子之间的鸿沟增大。"孙宏艳表示。

尊重网络一代的成长规律
——亲子纽带从"共同进步"开始

"家长为什么总认为孩子难管？是因为亲子关系不是独立的，我们要回归到孩子的生长环境里去看亲子关系，了解问题的始末。比如孩子为什么爱和陌生人说话，为什么喜欢网络聊天？是不是因为网络能满足交流、宣泄的需要？或者满足陪伴的需要？满足好奇心的需要？了解了之后，家长还要做到理解与陪伴，才能赢得孩子的信任。"孙宏艳说。

她建议，家长应学着与孩子沟通，获取孩子信任，掌握沟通技巧，让孩子在亲情交流和网络交流之间先找到一个平衡点。

孙宏艳认为，父母还应尊重网络一代的成长规律，放弃传统的教育观念，与时俱进。"网络的开放性与平等性使'00后'在很多方面有能力影响父母，而父母的自我发展、自我教育又是家庭教育的重要基础，网络时代父母要构建和谐的亲子关系，就需向孩子学习，与孩子一起成长。"

"强势压制不如相互探讨。"袁成认为，在网络时代，家长应从思想上更新教育理念，充分认识到这是时代不断发展变化带来的现实情况，从而正确引领孩子的价值观、人生观和世界观。他建议："充分利用网络，主动了解相关热点信息，教会孩子分辨真假，去除糟粕，让孩子认识到网络是一把双刃剑，也让孩子客观、理性对待网络新词，培养孩子的媒介素养，帮助孩子在网络时代健康成长。"

专家及同行评价

这是一本研究思想品德课程教学与学科教师专业成长的"参考书"。写给初为人师、经验欠佳的你，帮你轻松解决教育教学中一系列常见问题；写给从业已久、资历丰富的你，帮你打开教学的新视野。

——《青年教师》主编 赵淼石

如何做一名优秀的思想品德教师？袁成老师的经历可能会对我们有所启发：既要育智提能，又要立德树人；既要研究课堂教学，用学生喜闻乐见的形式传递知识，又要研究学科动向，为自己的专业发展积蓄力量；既要研究教育教学理念，引导自己的教育教学实践，又要研究社会现象，敢于发出自己的声音；既要用优秀传统文化来丰厚自己的专业底蕴，又要用现代信息技术来让自己的课堂五彩缤纷。

——全国中文核心期刊《中学政治教学参考》副主编 高传轩

作为青年教师能如此执着教学研究与实践，是教育界的一大幸事。在他的教学研究中，你会发现自始至终地贯彻了新课程理念和落实了学科核心素养，从健全学生人格品质和发展学生德育、美育、智育这些层面上，引领学生健康成长和终身发展。这本书，具有重大的理论研究与实践应用价值，为一线政治教师解决最为常见的教学研究、教学设计、教育智慧和专业成长等方面的问题提供了参考，极富可读性和操作性。本书非常适合作为师范生及不同年龄的教师在教学中的培训读物，也适合作为更新教师教学理念的继续教育参考书。

——阿坝师范学院副校长、教授 毛英

思想品德课是学校德育工作的重要阵地，如何发挥思想品德课的育人功能是思想品德课教师的重要任务。作为一名青年教师，袁成专注于思想品德的教学工作，并在繁忙的教学之余，孜孜不倦地进行理论探究，取得了丰硕的成果，这种自下而上的专业成长路径值得广大青年教师学习。如何理解和解决当下思想品德教学中存在的一些重点、难点问题，相信翻开这本书后，你会获得很多启发。

——《中国德育》编辑　赵庭

在我心里，袁成老师是一位有爱心、有耐心、有涵养、有智慧的优秀班主任、优秀政治教师。他提倡教育要像炖汤一样，慢慢熬，如此才能有"味"，才能真正影响灵魂。这既是一种教育方法，更是一种教育理念。书如其人，我相信，阅读他的著作，你定能从他的"慢"节奏中品味到爱心、耐心、涵养、智慧，也许还能从中熬出属于你的"浓汤"。

——《福建教育》主任助理　李武

作为一名政治学科的一线老师，袁成老师热情、谦逊、敬业、好学、上进，他教书、育人，他反思、写作，不断探索现代教育理念，并融会贯通于教育教学实践中，形成了自己独特的教学风格与理论视野。他用行动，把自己站成了教育领域的一株向日葵。希望有更多的孩子，能在这位辛勤园丁的培育下，朝着阳光健康成长……

——中国教科院《教育文摘周报》编辑　吴晓燕

初识袁成，被他洋溢的热忱感染。再识袁成，被他课堂上孩子们的笑脸以及一个又一个孩子们成长的故事感动。袁成对教书育人的由衷热爱和精进探索，让我看到一名优秀青年教师发自内心的孜孜以求、不断成长，让我看到德育课程教师专业发展和职业幸福感的相互促进、相得益彰，让我看到德育课程教师化育心灵、陪伴成长、立德树人的独特价值和美好愿望。

——四川省教育科学研究所初中道德与法治课（思想品德）学科教研员
欧阳芸

以行动研究为底色，在德育的圣地上，用教育人的智慧、情怀和担当，探寻着"险峰"的美景。用自己的冒险之旅开辟德育之新路，用自己的真实故事照亮他人前行的弯路，用自己教育哲学续写走向未来的正路。

——河南省郑州市金水区教育发展研究中心思想品德教研员、
《中学政治教学参考》封面人物　范君召

曾多次拜读咱们成都袁成老师在各大期刊发表的文章，我们也成为好朋友。之所以会印象深刻，不仅仅是为袁成老师众多的教育科研成果，更主要的是袁老师年纪轻轻，却是一位具有自己的教育理想，能静下心来认真钻研、教书育人的老师。在"80后"新生代的青年教师中，尤其是在当今如此浮躁的社会氛围中，在教育和教师面临众多非议的年代，要做到如此，不是一件容易的事情。然而，袁成老师做到了。他在德育教育的第一线，用自己的一言一行来追寻着和实践着自己立德树人的教育理想，希望用自己的实际行动来教育和影响学生，为学生的健康成长和教育事业的兴旺发达出一份力、献一份情。

我作为一名教育人，有如此朋友、如此同道，甚是荣幸和欣慰。愿袁成老师在实现自己教育理想的道路上能够走得更稳，走得更远。

——成都市武侯区教育科学发展研究院教研员（科研）　王方全

第一次见袁成老师是在我市班主任培训会上，那时袁老师作为受邀嘉宾作专题讲座。当时我就感慨，这么年纪轻轻对自己的专业课和班主任工作有如此多的实践和总结，并且有自己独到的见解。又过了短短几年，袁老师在各核心期刊发表的文章和教学工作中获得的奖励，让我们不得不把目光聚焦在这位年轻的教育工作者身上。袁老师的教育实践以及对教育的思考，是把工作当作了对社会的责任，是一种担当，是一种奉献，是我们教育工作者应该具有的一种品质。

——彭州市教育局教研室教研员　周雪娟

袁成是一位"爱读书、勤研究、善反思、有智慧、懂艺术"的一线优秀教师。他受聘于阿坝师院思想政治教育专业校外一线指导教师期间，在备课、授课及班主任管理等方面工作经验交流中，用他已具有的专业素养、教育智慧和人格魅力不断征服着现场的听众学生，用他在教育教学中所执着的良心、爱心和责任心打动和感染着每一位同学。他在大学毕业六年后，交给我一份特殊的"作业"——《教者成于川——一位青年班主任的教育探索》，仔细阅读后，作为他当年大学老师的我感到欣慰的同时，更为之而骄傲。今天，袁老师第二部教学专著即将面世，这本专著集先进的教育理念、独特的教学方法、灵活的教学智慧于一体，立足初中思想品德课程标准与教材的关系，梳理了思想品德教学中的常见难题和教师专业成长中的瓶颈问题，对初中思想品德教学做了细致而深入的探索和研究，有理论有案例，体例新颖，别具一格，值得一读。

——阿坝师院学院马克思主义学院书记、副教授　赵秀花现如今，研究中小学教育的大有人在。在这些人当中，有一部分人注重教育纯理论研究，他们追求理论上的创新和突破，并将之视作推动我国教育事业发展的利器；也有一部分人强调教育实践的力量，他们多从实践中来，立足于实际中遇到的问题进行教育思考。可以说，这两类人是我们行走在教育之路上最常见到的，他们在促进教育返璞归真、恢复到自然状态有着不世之功！然而，我们每每在看到这两类群体在促进教育变革与发展的作用时，反而却有意或无意地忽略了那些穿越于理论与实践之间的人。鉴于对袁成老师的了解和认识，我认为他就是这些常被忽略的人中的一员，怀着平常心，做着平常事，但也就在这平常中却显露出了些许不平凡的意义。袁成老师的这本新著是他长时间精心思考与研究的结果，不仅有教育理论的呈现，而且还饱含教育实践智慧，更难能可贵的是，它打破了以往单一的理论—实践化写作样式，注入了不少新时代的精神元素，既让理论活了起来，又让实践变得更生动、活泼。从某个层面说，《精进于业　修身于本——青年思想品德教师的专业之路》是目前我国教育倡导多样化的、形式活泼的写作样式的典范，很好地架起了认知与行动之间的桥梁。

——华中师范大学《教师教育论坛》编辑部主任　谢先成

虽然没有见过袁成老师，但对他却不陌生，因为曾多次拜读他的文章，袁老师文中那些关于学生生活和学习的细节和琐事，在别人看来也许仅仅就是一些琐事，但在他看来这些正是不可或缺的育人契机和教育资源。袁老师善于撕开问题的口子，让里面的教育智慧流露出来，"一切为了孩子，为了孩子的一切，为了一切的孩子"，这样的口号不能只是停留在教育工作者的嘴上，要真正落实到平时的教育教学行为中，并能成为个人的价值追求，我想袁老师就是通过育人过程中的细节，让这样的理念真正地落地生根了。

——《教育视界》编辑　张贤志

袁成老师受聘于我院思想政治教育专业校外指导教师，长期对我校专科、本科学生开展教育教学公开课和专题讲座，深受师生好评。他扎根于基础教育一线，在忙碌的教育教学中仍坚持研究、反思和写作，取得了一系列教育教学成绩。这本书是他多年来在教学研究中的重要成果，它贴一线、接地气、很实用，对中小学教师提升学科专业知识与能力、升华教育教学理念具有重要的引领作用。

——成都师范学院政治学院　张小发

曾有幸与袁老师同事过一段时间，深深被袁老师勤恳敬业的工作态度所感染、感动和鼓舞。他是学生的守护者，课堂教学的先锋，科学研究的探索者，更是同龄人中的引路人。相信阅读本书，你一定会深受启发。

——成都大学外国语学院　喻凌

"80后"的袁成老师不仅在教学方面成绩斐然，同时在繁忙的一线教书育人之余，还主研众多课题，在 CSSCI、全国中文核心期刊等发表论文若干，出版个人专著两本，可以说是集教学、教育和科研于一身的优秀青年教师。从拜读其《教者成于川——一位青年班主任的教育探索》与袁老师结缘，使我受益匪浅。在与袁老师的交流中，我发现袁老师还是一位信念坚定、不断追寻自身教育梦想的"大男孩"。对于同为青年教师的我来说，袁老师一直是我人生道路中最明亮的灯塔，我相信这本书一定会给众多的教育者带来更多的收获。

——成都师范学院政治学院团总支书记　秦大伟

让每一粒沙粒找到命运的大海

——高中政治启蒙老师眼中的袁成

程利玲

中学时代的袁成专注认真，一股子拼劲一直保留至今。印象中他一直坐在教室的第二排中间，是同学们公认的学霸。政治这个学科，他学得很认真，成绩在年级 8 个班中也名列前茅。如今，袁成已高中毕业 12 年。

当年我喜欢让孩子们自己讲课，无论是新课还是讲作业，都会提前安排同学备课准备。不少同学会像老师一样认真备课写教案，然后拿到我办公室修订研究怎么上课。记得袁成是二班第一个讲课的同学，刚好讲授《一国两制》，上课之前我习惯性地询问他准备得怎么样了，他神秘地告诉我，"老师放心，我要给你一个惊喜"。第二天，他提着一个收录机走上讲台，简短的开场白后，他用一首歌——《最初的梦想》开启了自己人生第一次的思想政治课，让老师同学们眼前一亮。我们学校（郫县四中）当时的教学设备陈旧，作为学生能够想到借助教学媒体来辅助教学，而且注意上课的趣味性和创新，实属难得。

随后的政治学习，他易如反掌，屡战屡胜，在当年高考中政治取得了 90 多分的优异成绩。老师不经意的一句话、一个行为会影响到孩子一生。我万万没想到那一堂课影响了袁成一生的选择。他告诉我他要报考政治这个专业，我当年对他报考这个专业很矛盾，思想政治这个学科不能为老师带来丰厚的物质回报，在学校也不太受关注，发展前景堪忧；但是教师队伍也确实需要一批富有创意、积极进取的全新力量。在他的高中毕业纪念册中，至今还保留着我当年的留言。但是袁成用自己的努力与坚持，改变了一切。

每一颗沙粒都有潜质成为珍珠。一颗普通的沙粒，要想成为色彩瑰丽、气质高雅的珍珠，首要条件不只是找到历练自己的贝壳，更要找到贝壳之外成全自己命运的大海。袁成在大学期间，积极参加各类社团活动及社会实践，认真研习专业知识，以四川省优秀大学毕业生的身份进入了成都市双流棠湖外国语学校。在短短几年的工作中，他一直积极创新教学设计，广泛阅读，笔耕不辍，在国家级省级刊物发表专业学术论文多篇，在各级各类教学赛课中多次荣获一等奖，也斩获了成都市优秀班主任、成都市优秀德育工作者、成都市骨干班主任等多项荣誉。他用自己的智慧与创意，找到了属于自己的那片海，行走于各类名师工作室、省市教师培训班、各级各类赛课现场，让自己变成一颗教坛明珠，熠熠生辉。

三年前，我与袁成聊天，我建议他把自己教书育人的心得体会以文字的形式呈现出来，走学术型教师之路。接下来的日子他不断研究学习，几乎每年都有数十篇教育教学论文在各大期刊发表，其出版的第一本教育专著荣获成都市人民政府第十二次哲学社会科学奖、四川省第十七次优秀教育科研成果一等奖。

袁成的成长历程告诉我们，在人生和梦想的抉择面前，命运有时候并不取决于你这个不行、那个也不行，也不取决于你什么都能做以及是否真行，而是取决于你有没有找到某一方面的特长或者潜质。尽管需要漫长时间，经历坎坷，有潜力并发挥极致，一定能做出杰出的事业和贡献。对于教育事业，他富有激情，将读书与教学经验结合，形成自己独特的教学魅力。无论担任班主任还是科任教师，他都深受同事及学生、家长的喜爱，一个有大爱有担当的老师，一定是幸福的。

这本书从教学研究、教学设计及点评、自我专业发展、教学智慧、教学时评等多角度，全面地展示了袁成在初中思想品德课教学中的独到见解及深度思考。其中不乏学科前沿的研究与关注，值得一睹为快。它立足一线教师的教育教学实践，内容涉及学科教育、科研思考、教学设计、如何智慧驾驭课堂、课程资源开发及名师工作室引领教师专业发展等多方面，清晰地呈现了一名青年政治教师视野下的初中思想品德课创新教育教学研究及实践的收获与体会，有别于大学教授的研究视野，比较接地气，具有较强的推广借鉴价值。

希望袁成在思想品德教育这块领域越走越远，引领更多的学生实现自己的梦想！

成都七中万达学校　程利玲

2017 年 6 月 10 日

做一个且行且思的教育人

——名师工作室导师眼中的袁成

廖洪森

《时光在走，我们也在走》是袁成老师在名师工作室结业总结时取的总结标题，形象地表达了他工作近十年来的收获和感悟，受到了评委们的一致好评。他被评为工作室受区教育局表彰的优秀学员乃实至名归。

学习、积累、反思是优秀教师成长的必由路径。袁成老师坚持读书修身，在将学习所获与工作实际有机结合的过程中，他深深地明白了："一个日子，一个孩子，就是教育。擦亮每一个日子，呵护每一个孩子，就是教育的全部。""教育，我想，并不是在于口头，而是在于平时的一言一行，只有身怀爱生之心，才能真正获得教育的真谛。想想，我们是不是喜欢和学生在一起，去听孩子的每一个甚至是荒谬的想法呢？"

袁成深深地明白，优秀的教育人应该是学习者、研究者、思想者、实践者、引领者等多重身份的有机交融；教育必须在轻松、有趣、尊重的氛围中进行，兴趣是求知最重要的驱动力；教育的真谛是教学生学会学习、学会思考，教育的终极关怀是一切为了学生全面而充分的发展；让每个学生都抬起头来走路是教育智慧的重要体现；案例的深度挖掘、教师的问题引领、学生的合作探究三者的有机结合是成功课堂的基本要素等道理。在教学的深度思考与践行中，他取得了公认的成绩，不仅教学成绩优异，他还先后被评为"双流区优秀青年教师""双流区学科带头人"等。

"用接纳成就孩子的一生，达成生命成长之美"是每一个教育人追求的情怀，在多年的班级管理中，袁成老师秉承"仁、德、志、譞"的校训，确立"六会一长"（会做人、会求知、会生活、会审美、会健体、会创造、有特长）的育人目标，践行"让学生在学校学习这段生活成为人生有价值的旅程"的理念，坚持成人与成才并重的原则，日常工作中坚持做到"三真"（真心待人、真情做事、学做真人），"四勤"（勤动腿，即到班、查寝；勤动嘴，即交流、沟通；勤动眼，即观察；勤动脑，即思考）。所带班级班风纯正，其深受学生和家长爱戴。所带班级多次被评为区优秀班集体，自己也被评为"成都市优秀班主任""成都市优秀德育工作者"等。

"拥有一个成为优秀教师的梦想;了解一些中外教育教学理论;丰富一点课堂教学智慧;撰写一部总结自己专业成长经验的著作"是朱永新教授对一线教师的期望。袁成老师通过自己的努力,基本上实现了这些期望,是很不容易的。正如袁成老师在工作室总结时写的一段话:"很多时候,我们面对的理论与我们的实际还是有差距,也有一些我们无法在现有的条件下去完成,但是我们可以取其精髓,尽量靠近,我想这样也可以让我们的教育真正达成。我们不做伪理论者,不做伪科研,只有自己真正做了的,在实践中领悟、反思和完善的,才有真正的话语权"。

"常怀感激之情,常抱进取之心,常存敬畏之念"这三句话,是当年一位老师赠与我的,也是我这些年来喜欢并努力遵循的格言。希望袁成老师在今后的生活和工作中用生活所感去读书,用读书所得去生活,从中修炼自己的心境,丰富自己的见识。让自己的生活更显厚重,更有质量。

注:廖洪森,男,中学政治特级教师、原双流区思想政治(品德)课研培员,现任双流艺体中学副校长、廖洪森名师工作室导师。四川省义务教育阶段教辅材料评议专家、四川省高中政治省级骨干教师、四川省普通高中课程改革学科专家组思想政治学科组成员、四川中小学教师师德研究中心首批师德教育特聘专家、全国教科版优质课赛课评委及点评专家、中国教育学会中学德育课堂观摩展示活动评委及点评专家等。

做一名有智慧的教师

吴登良

应约为袁成老师的教学专著作跋，这是第二次。第一次是为其教育专著《教者成于川——一位青年班主任的教育探索》，该专著获得成都市人民政府第十二次哲学社会科学奖、四川省第十七次教育科研成果一等奖，为袁成的努力而高兴。

追求专业成长，是教师的从业本分，是教师的安身立命之所在，也是教师职业的深层底蕴和靓丽本色。事实上，这本书可以真实再现一位年轻思品教师的专业成长之路及其启迪。

把专业成长奠基在课堂教学行为上，崇尚务实的自我行为研究；把专业的目光投射到自己的点滴积累和反躬自省上，让自己走过的路清晰可辨；把专业成长的舞台和空间逐渐扩大，提升专业理论水平；把专业追求的眼光投向更广阔的的课程改革实践之中，选择坚定和现实的专业发展之路。所有的这些感悟，都是打动我作跋的深层次原因。毕竟，这些尝试和过往有着不可轻视的借鉴价值，尤其是对年轻教师的专业成长之路而言。

社会转型加快，价值观念多元，年轻教师的专业成长更为不易。客观地说，教师的专业成长既可能更加迫切，也可能更加堕落。问题是我们秉持什么样的理念和态度。住脚回望，来时的专业成长之路既充满艰辛，也积淀着努力和自我超越。韩愈有言，"业精于勤荒于嬉，行成于思毁于随"。远离浮躁与当下的功利，在可能的时候静心于业，在专业精进中求得发展，或许是年轻教师专业成长的基本心态和现实取向。

粗略之感，薄薄之悟，是为本书之跋。

注：吴登良，成都市教育科学研究院思想政治教研员，中学高级教师。四川省普通高中课程改革学科专家组成员，成都市德育专委会委员。西南师范大学心理学系研究生课程进修班结业；华东师范大学骨干教师研修班结业；成都市首届骨干教师。

课题阶段性成果

该教学专著《精进于业　修身于本——青年思想品德教师的专业之路》是以下课题阶段性研究成果，在研究过程中，得到了课题组的大力支持，在此表示感谢。

2017 年度四川省高校人文社会科学重点研究基地·四川中小学教师师德研究中心课题资助金项目课题"中小学教科书中师德楷模的隐性选择与价值意蕴"（项目编号：CJSD17-33）成果

2017 年度四川省哲学社会科学重点研究基地·四川少年儿童组织与思想意识教育研究中心资助金项目课题"文化视域下少年儿童道德意识的培养研究"（课题编号：17SZSJYZ-12）阶段性成果

2017 年度成都市双流区区级科研立项课题"中学政治培养学生理性精神的实践研究"阶段性成果

致　谢

　　伸伸懒腰，长舒一口气。书稿在第十二次修改完善后定稿了，《精进于业修身于本——青年思想品德教师的专业之路》终于完成了。

　　此时，我朝窗外看，校园的夜景真美。夜虽已很深，但灯依旧很亮。回顾这几个月，实在是感慨万千。其梳理过程难度之大，完全超出了我的预想。为了这本书，我放弃了往日本来就很少有的"清闲"；为了这本书，我积淀了九年。

　　这本书，是我自 2008 年参加工作以来的教学研究实践，得益于众多同仁、专家给予的指导和帮助。一位伟人说过，你有一个苹果，我有一个苹果，互相交换，每人仍是一个苹果；你有一个思想，我有一个思想，互相交换，每人都有两个思想。我想，这就是我写这本书的初衷，希望能与广大教师和专家对话，共同产生思想的碰撞，才会有新思想的诞生。

　　写这本书，不是说我就是这方面的专家和权威。我只是希望通过这本书传达一种思想，即教师需要不断学习与研究，提出自己的一些思想和观点，帮别人摆渡，最终惠及更多的教师和学生。通过这本书，展示作为初中思想品德教师在教书育人方面的努力与前进，与更多教师"对话"，找到情感的共鸣。教育的生命是思想，思想需要通过对话升华。

　　2008 年大学毕业之时，以四川省优秀大学毕业生的身份来到棠外，被学校黄光成校长的人格魅力所征服。黄校长是大家公认的好校长，更是大家喜爱的校长。感谢黄校长指引我在教育道路上不断前进和发展。

　　感谢棠外，在这个大家庭中非常幸福。学校于 2016 年获评四川省一级示范性学校，这是我们每一个棠外人的骄傲。在校训"仁、德、志、譞"和办学思想"开放、民主、求实、创新"指导下，我积极开展教育教学实践与探索，取得了一定的成绩，这正是学校一直非常重视师资队伍建设的结果。

今天，是我教的第三届初 2014 级 2 班孩子们中考结束的日子，看着孩子们和家长朋友们眼角的泪水，我们彼此道别、拥抱。这三年，我们一起努力，从普通到不普通，从平凡到不平凡，相信你们在中考中会取得理想的成绩，实现自己的高中梦；今年，也是我教的第二届初 2011 级 19 班孩子们参加高考的一年，我默默地祝福他们，相信今年他们会拿到心仪的大学录取通知书；今年，我的第一届初 2008 级 16 班孩子们读大四了，快要实习、毕业了，我相信你们的未来会越来越好，谢谢你们曾经让我懂得做班主任和思想品德教师的幸福与快乐，因为你们，我才继续坚持教育之梦。

"袁成，你要继续大胆地开展德育探索和教学实践，不断总结和梳理，努力成为更加优秀的班主任和政治教师。"每一次，在各种场合遇到棠外初中部负责人、副校长姚平老师时，他都会和蔼可亲地鼓励和指导我。是他的信任，才让我能继续坚持教育教学探索，不断创新；是他的鼓励和指导，才让我能不断严格要求自己勤于研究、不断记录和反思，对教育教学有了更深入的理解；是他的支持，才让我能带着信心和动力去完成此书，才有了这本书的面世。

我深深记得，2008 年 7 月来到棠外应聘时，是裴帮锐老师作为教学考评评委对我进行教学和答辩考评，正是因为裴帮锐老师及棠外政治组的赏识才让我能在棠外学习与成长；感谢像大姐姐一样的左晓华老师，从我入职以来，对我教学的大力指导和帮助，对我生活的关心、关爱，特别是我每次参加各种教学比赛，她都是全程指导、陪同和鼓励，让我充满信心，倍加感动。

一个优秀教师的成长固然离不开自身不懈的努力，但教学师傅、班主任师傅的指导起着至关重要的作用。感谢教学师傅刘平老师，从我入职以来都毫无保留、耐心地指导我的每堂课的教学设计、课件设计，以及听课后细致地指导我改进；感谢班主任师傅吴亚玫老师，从我入职以来，从细微之处开始点拨和指导我，教我如何与家长有效沟通，教我如何管理班级，教我如何做好德育研究，教我如何上好一节班会课……两位师傅对我的关爱超越师徒，更像是妈妈与儿子般关系，正是两位师傅的无私奉献与辛勤指导，才让我在教育教学中有了更深的认识和所谓的成绩。

"师傅，思想政治学科核心素养在初中阶段适用吗？""师傅，理性精神如何量化？"……由于地域限制，每次我都在微信、QQ 上请教恩师——北京师范大学李晓东副教授。每一次交流，都能感受到师傅朴实严谨的教风和渊博的知识；每一次交流，都能感受到师傅对徒弟的耐心指导和谆谆教诲。当我给师傅说打算将多年来在教学上的研究成果汇集成书时，师傅很高兴，并鼓励我好好梳理。在整个成书过程中，师傅在繁忙工作中抽出时间，帮我梳理框架、解答疑惑和修改完善，一直鼓励我好好努力。在我心里，能够拜李教授为师，是一种荣幸。

在我生命里，还有一位师傅，他待人和蔼可亲、教导有方，深受徒弟们的喜爱。他就是原成都市双流区政治教研员廖洪森老师。2014 年双流区教育局授予廖洪森名师工作室，我也有幸成为第一批名师工作室学员。在这三年中，师傅廖老师细心和辛勤指导，给我搭建展示的平台，指导我进行教学课题研究和师德课题研究，培养我走专业化、科研型教师之路。在 2017 年年初，为期三年的工作室研修结束了，我也顺利毕业了，并获得了双流区教育局颁发的"优秀学员"称号。在这里，我以满怀敬仰的心情，衷心感谢特级教师、师傅廖洪森老师，请接受我最诚挚的谢意。

棠外姚平副校长一直鼓励我将教育教学得与失记录下来，并进行小课题研究，大胆创新。至今，发表在报纸杂志上的及获奖的论文达 130 余篇，其中 2014 年 8 月出版了个人教育专著《教者成于川——一位青年班主任的教育探索》，该专著获得成都市人民政府第十二次哲学社会科学奖、成都市民办教育成果一等奖、四川省第十七次优秀教育科研成果一等奖。这几年中，有很多编辑老师对我的文章提出修改意见和具体指导。感谢全国中文核心期刊《思想政治课教学》杂志社吴向东社长、王葎主编、罗松涛副主编、王园园编辑老师，全国中文核心期刊《中学政治教学参考》杂志社高传轩副主编，《青年教师》杂志社赵淼石主编，《中国德育》杂志社主编张宁娟、编辑赵庭、编辑黄蜀红，《福建教育》杂志社主任助理李武老师，中国教科院《教育文摘周报》编辑吴晓燕，华中师范大学《教师教育论坛》杂志社编辑谢先成，《教育视界》杂志社编辑张贤志，《江苏教育》杂志社编辑周小涛、编辑吴青，《陕西教育（教学）》杂志社编辑聂蕾、《未来导报》编辑赵海峰、《新课程》杂志社编辑马花萍、《教育导报》记者吴宇婷等等编辑老师。

一个人的人生重要阶段或者关键时候，遇到贵人相助和指点，是一辈子的福气。感谢在成书过程中和平日生活中对我关心和帮助的专家前辈、同行：成都市教育局宣传教育处调研员覃珺；阿坝师范学院党委常委、副校长、教授毛英老师；四川省教育科学研究所德育与心理健康研究室主任、四川省高中课程改革政治学科专家组组长、高中政治学科教研员卢志老师；四川省达州市教育科学研究所旷明所长；四川省教育科学研究所德育教研员李淑英老师；四川省教育科学研究所初中道德与法治课（思想品德）学科教研员欧阳芸老师；成都市教科院政治教研员吴登良老师、德育教研员吕红霞老师；双流区研培中心教师发展室、名师工作室管理办高永琼老师；阿坝师范学院马克思主义学院书记、副教授赵秀花老师及刘永国教授、陈世英副教授、李益芬老师、谢洪老师；成都师范学院郭多华副教授、张小发老师、秦大伟老师；成都市武侯区教育科学发展研究院教研员（科研）王方全老师；彭州市教育局教研室教研员周雪娟老师；郑州金水区教研员范君召老师；四川省特级教师唐昌全；成都市武侯高级中学张翔副校长、陈默副校长；成都十二中初中部李晓燕副校长、王源副校长……

感谢曾经培养我的老师们：郫县安靖中学苏飞老师（原初中班主任）、间芳老师（原初中英语老师）、郫县四中周成平老师（原高中班主任）、左锋老师、唐永宏老师、袁碧芳老师。特别是原郫县四中、现成都七中（万达校区）程丽玲老师，她是我的高中政治教师，也是我真正学政治的启蒙老师。因为她，我喜欢上政治学科；因为她，我高考志愿选择政治专业；因为她，我大学毕业从事政治教学工作。

感谢棠外领导和同事们，谢谢你们的宽容、理解和帮助。我从一名新手不断成长与成熟过程中，你们给我提供了成长的平台，给予我莫大的关心。特别是初中校长助理、教务处主任、省特级教师刘勇老师平日一直鼓励和指导我系统地研究教学与德育；初中政教处主任陈三忠老师一直支持我做德育新探索；初中研培处主任、特级教师孙晓晖老师，一直将她的教育智慧无私地与我们分享，让我们不断地提高教育教学水平；感谢原年级组长、现初中政教处副主任许放箭老师和现招办副主任苏宇老师，现年级组长刘明老师和张天涯老师，是你们给了我很多理解和发展空间；感谢在我2008年应聘棠外时带我进"考场"并给予我鼓励的谭传珍老师；感谢同事及朋友张利军、张永惠、龙世彬、张飞艳、张春雪、范莉、魏怡、何坤、曾学林、黄婧、敖霞、朱建群、张平秋、安芯平、陈守蓉、曹鑫、陈博、陈声权、吴奎、向英、代倩、黄文军、王悟敏、杜才蓉、苟树林、费菲、桂航程、韩迅、李双勇、刘昂、刘佳、汪蓓蓓、王庆梅、徐兰、杨冬梅、杨开清、岳杰、曾锋、陈应飞、周且、叶茂、喻凌、邓亚薇、张虔立、宋良华、何小燕、谭继春、罗洁、成

致　谢

凤、熊宗念……还有我们可爱的初中思想品德教研组的小伙伴们，毛传友、刘丽、杨灿、吉白、张和佩、方思媛、刘悦岚、王树理以及实习生西华师范大学政治与行政学院思想政治教育专业 2013 级 5 班尹力。

在这里，我最想感谢的是我的父母和妻子。没有他们的理解和支持，就没有这一簇思想的浪花。由于工作关系，平日比较繁忙，没有很好地照顾他们，特别是两个孩子，心中十分愧疚。然而，家人总是非常理解和支持我做好教育工作，照顾好学生。因为有你们，我更加坚强，也有了更多奋斗的动力。

这本书是我的第二本专著，历时 9 年研究的教学成果，但由于我年纪尚轻，经验不足，水平有限，书中疏漏之处在所难免，诚恳地期待各位专家、同仁批评指正。在这里，我先向您表达深深的谢意。

袁　成
2017 年 6 月 14 日于成都棠湖外国语学校